民法典护航乡村振兴丛书

民法典与农民权益保障

张力 主编

西南大学出版社

图书在版编目(CIP)数据

民法典与农民权益保障 / 张力主编. -- 重庆 : 西南大学出版社, 2023.4
(民法典护航乡村振兴丛书)
ISBN 978-7-5697-1793-8

Ⅰ. ①民… Ⅱ. ①张… Ⅲ. ①农民－权益保护－法律－研究－中国 Ⅳ. ①D923.804

中国国家版本馆CIP数据核字(2023)第076955号

民法典与农民权益保障

MINFADIAN YU NONGMIN QUANYI BAOZHANG

主　　编：张　力
编　　写：董新新　廖天雄　白睿丰　张溶梅　张　力

责任编辑：张燕妮
责任校对：路兰香
装帧设计：起源
排　　版：瞿　勤
出版发行：西南大学出版社
地址：重庆市北碚区天生路2号
邮编：400715
市场营销部电话：023-68868624
印　　刷：重庆华林天美印务有限公司
幅面尺寸：148mm×210mm
印　　张：4.875
字　　数：98千字
版　　次：2023年4月 第1版
印　　次：2023年11月 第2次印刷
书　　号：ISBN 978-7-5697-1793-8

定　　价：19.80元

丛书编委会

杨青贵　西南政法大学经济法学院副教授

陈耿华　西南政法大学经济法学院副教授

杨　岫　重庆师范大学马克思主义学院副教授

胡　涛　北京市京师（武汉）律师事务所主任

付庆刚　北京市京师（成都）律师事务所主任

李　豪　北京市京师（西安）律师事务所主任

卜传武　北京市京师（昆明）律师事务所主任

左胜高　北京市京师（珠海）律师事务所主任

柳向魁　北京市京师（无锡）律师事务所主任

刘宏辉　北京市京师（杭州）律师事务所主任

孙　勇　北京市京师（合肥）律师事务所主任

黄文忠　北京市京师（中山）律师事务所执行主任

唐菊雄　北京市京师（长沙）律师事务所主任

陈旭民　北京市京师（深圳）律师事务所主任

董必成　北京市京师（银川）律师事务所主任

张国娟　北京市京师（太原）律师事务所主任

杨嘉文　北京市京师（泉州）律师事务所主任

序言

“民族要复兴，乡村必振兴。”党的十九大报告首次提出实施乡村振兴战略。2023年，《中共中央 国务院关于做好2023年全面推进乡村振兴重点工作的意见》更是明确提出举全党全社会之力全面推进乡村振兴。乡村振兴战略的顺利实施必须符合法治精神，获得法治保障。

2021年1月1日《中华人民共和国民法典》正式实施，作为中华人民共和国成立以来第一部以“法典”命名的法律，其在乡村振兴战略实施中发挥着固根本、稳预期、利长远的基础性法律治理功能，其中许多规定是对乡村振兴关键环节与主要任务的重要制度保障，这主要包括：第一，通过确认和保护农民及相关农业经营组织的主体资格，创新农村集体经济组织的“特别法人”地位等，积极引导相关主体有序参与现代农村产业活动；第二，维护与现代乡村产业模式相适应的产权体系，为农村土地资产的有序盘活、农村投融资渠道的有效扩大提供保障，提高农民在土地上的财产安全感、获得感；第三，通过全面规定农民的人格权与婚姻家庭权，系统保障农村居民与农业生产者人身自由与人格尊严，借助“优良家风”条款等提升农村家庭文明建设水平等；第四，通过“绿色原则”等保护农村生态环境，守护农村绿水青山,促进美丽乡村建设。

《中华人民共和国民法典》为乡村振兴带来的保障作用,必须借助乡村振兴的建设者与参与者的具体实践方能有效发挥。基于前期面向农业、农村、农民开展的普法宣讲、社会调研及法律援助所积累的经验及认识,同时基于对当前乡村振兴主要方面与关键任务中法治痛点、难点的系统梳理,我们为农业经营主体、农村产权主体、农村生活主体、农村基层治理主体等乡村振兴的建设者与参与者,编写了这套“民法典护航乡村振兴丛书”。对应农业、农村、农民之“三农”,丛书分为:《民法典与乡村产业振兴》《民法典与美丽乡村建设》《民法典与农民权益保障》。

《民法典与乡村产业振兴》的内容由经营主体确认、生产资料配置、产业经营活动开展的法律保障三部分构成,重点阐释农村承包经营户、农村集体经济组织、个体工商户等农业生产经营主体的权利边界与义务类型,解读农村承包地、集体经营性建设用地、宅基地等的取得条件、流转限制等,同时对现代农村产业化经营活动中的合同缔结、合同履行、违约责任等的法律风险点进行类型化梳理,提供相应的问题解决方案。

《民法典与美丽乡村建设》的内容由保护乡村土地环境、发展乡村精神文明与建设美丽乡村的法律保障三部分构成,重点阐释如何保障农村土地安全,贯彻“绿色原则”,保护农村绿水青山;如何法治化地巩固与发展乡村精神文明,推动移风易俗,树立文明乡风,颂扬乡村美德;如何明晰合作社组织制度,保障乡村土地有序利用,使乡村发展与环境美丽相得益彰。

《民法典与农民权益保障》从农民人身权益、财产权益及婚姻家庭权益的法律保障三方面入手,选取贴近农民日常生活的典型案例,涵盖子女抚养、老人赡养、夫妻相处等重要家庭场景,以及农民进城务工、商品房买卖、借款、赠与等现代农民生活中的重要问题,帮助农民明白法律是如何规定与保护其重要人身权利等的,引导其反思如何利用法律工具解决利益相关问题。

总之,丛书力求通过典型案例呈现、法条链接引导、疑难问题解答等方式,用百姓听得懂、学得会的语言解析我国民法典与“三农”问题的重要联系点,同时宣扬传统美德、社会公德、家庭美德，使法律和道德形成合力，为乡村振兴提供法治护航的具体途径与运用方法。

丛书编写得到了西南政法大学民法典宣讲团各位专家学者的悉心指导，西南大学出版社对丛书的出版给予了大力支持，值此丛书出版之际，谨向各方表示深深的谢意。

是为序。

张力

2023年2月

目录

第一篇　农民人身权益保护

第二篇 农民财产权益保护

第三篇　农民婚姻家庭权益保护

第一篇

农民人身权益保护

1 因家中贫穷不能供养孩子读书，可以要求孩子辍学吗？

赵小花系初中二年级的学生，赵小草系赵小花的弟弟，今年到了上小学一年级的年纪。因家境贫穷，无法供养两人读书，父母便要求赵小花辍学，在家中干农活以供养弟弟读书。请问赵小花父母的做法正确吗？

法条指引 《中华人民共和国宪法》第四十六条 中华人民共和国公民有受教育的权利和义务。

《中华人民共和国义务教育法》第四条 凡具有中华人民共和国国籍的适龄儿童、少年，不分性别、民族、种族、家庭财产状况、宗教信仰等，依法享有平等接受义务教育的权利，并履行接受义务教育的义务。

《中华人民共和国未成年人保护法》第十六条 未成年人的父母或者其他监护人应当履行下列监护职责：

…………

（五）尊重未成年人受教育的权利，保障适龄未成年人依法接受并完成义务教育；

…………

问题解答 赵小花父母的做法不正确。义务教育具有一定的国家强制性，受教育权既是我国宪法规定的公民享有的权利，又是应尽的义务，同时还是人格尊严的一种体现。根据我国相关法律的规定，孩子的父母若是没有正当的理由就让孩子辍学，没有尽到督促孩子接受教育的义务，依法应当受到相应的批评教育，有关部门责令其限期改正。因此父母有保障孩子接受义务教育的义务，学校也有相应的义务。

2 散布谣言败坏死者名誉，死者家属可以主张赔偿吗?

施瓦村村民钱老三与其女钱兰的男友在干农活时发生争执，推搡之中钱老三倒地头撞到岩石，经抢救无效身亡。同村的李木系钱老三的初中同学，二人由于邻里关系不好，李木便在村民微信群、初中同学微信群中发布言论，称钱老三因索要巨额彩礼不成被捅死。村民看到后纷纷嘲笑钱兰，致使其陷入了巨大的痛苦之中。于是钱兰向法院起诉要求李木删除言论、道歉、赔偿损失。

法条指引 《中华人民共和国民法典》第九百九十四条　死者的姓名、肖像、名誉、荣誉、隐私、遗体等受到侵害的，其配偶、子女、父母有权依法请求行为人承担民事责任；

死者没有配偶、子女且父母已经死亡的，其他近亲属有权依法请求行为人承担民事责任。

问题解答 散布谣言败坏死者名誉，死者家属可以主张赔偿。死者的名誉依然受到法律的保护，他人不得随意侵害，否则需要承担相应的法律责任。在本案中，李木在两个微信群散播不实言论毁损钱老三的名誉，造成钱兰陷入了巨大的痛苦之中，属于侵权行为。李木应当在微信群中删除所发布的言论，公开给钱兰赔礼道歉，并且需要赔偿钱兰精神抚慰金。

3 要求他人赔礼道歉有时间限制吗？

2021年钱兰不小心将洗菜水泼到了邻居李木身上，二人发生口角。李木之妻周红闻声赶来与钱兰对骂，并起了肢体冲突，在冲突中钱兰因没控制住力道将周红的衣服撕破，导致其被围观村民嘲笑。后村支书赶到劝解二人。2022年钱兰家的狗偷吃了李木家的鸡蛋，两家又产生了矛盾，周红很生气，由于也联想到了2021年的事，认为钱兰当时撕破自己的衣服，侵害了自己的名誉权，便要求其赔礼道歉。钱兰则认为事情已经过去一年多了，其不用承担责任。

法条指引 《中华人民共和国民法典》第九百九十五条 人格权受到侵害的，受害人有权依照本法和其他法律的规定请求行为人承担民事责任。受害人的停止侵害、排除妨碍、消除危险、消除影响、恢复名誉、赔礼道歉请求权，不适用诉讼时效的规定。

问题解答 要求他人赔礼道歉没有时间限制。本案中，钱兰和周红发生口角继而大打出手，钱兰在有众多村民围观的情形之下，将周红的衣服撕破，致使周红的身体暴露在外，使得周红被同村村民嘲笑，造成了周红名誉权的损害，钱兰应当承担恢复名誉、赔礼道歉等责任。根据《中华人民共和国民法典》第九百九十五条的规定，此类请求权不适用诉讼时效的规定，即无论时间过去多久，钱兰仍然需要赔礼道歉。

4 被丈夫家暴，妻子应该怎么办？

吴大牛和郑晓橙系夫妻，育有一子吴小绿。吴大牛每次喝醉酒后都会对郑晓橙大打出手，几次将其打成轻伤。但郑晓橙念在吴大牛平时对吴小绿关怀备至，加上吴小绿乖巧伶俐，年纪尚幼，便一忍再忍，未提出与吴大牛离婚。请问在此种情况之下，郑晓橙应该怎样做才能制止丈夫的施暴行为？

法条指引 《中华人民共和国民法典》第九百九十七条 民事主体有证据证明行为人正在实施或者即将实施侵害其人格权的违法行为，不及时制止将使其合法权益受到难以弥补的损害的，有权依法向人民法院申请采取责令行为人停止有关行为的措施。

问题解答 郑晓橙的情况符合人身保护令的条件，可以向法院申请人格权行为禁令，法院将裁定吴大牛禁止对郑晓橙实施家庭暴力，并告知吴大牛若违反上述禁令，法院将视情节轻重，处以罚款、拘留；构成犯罪的，依法追究刑事责任。《中华人民共和国民法典》首次规定了针对侵害人格权行为的禁令制度。人格权行为禁令制度有利于及时制止侵害人格权的行为，防止侵害人格权的损害后果发生或扩大，具有对人格权的事前预先保护功能，能有效避免侵害人格权的行为造成不可逆转的损害，强化对人格权的保护。

5 遭遇职场性骚扰该怎么办?

钱兰去往大城市打工,入职达尔公司,王大是她的部门主管。入职第一天,钱兰遭遇了职场性骚扰,王大给她发了很多条暧昧微信。钱兰决定勇敢发声。第二天,钱兰将暧昧信息截图,发给公司经理,询问该如何处理,但经理并未正面回复。后王大知晓钱兰向经理求助的事实,以钱兰工作表现不达标、不合群为由,向人事经理咨询希望解除钱兰的劳动合同。请问钱兰应该怎么办?

法条指引 《中华人民共和国民法典》第一千零一十条 违背他人意愿,以言语、文字、图像、肢体行为等方式对他人实施性骚扰的,受害人有权依法请求行为人承担民事责任。

机关、企业、学校等单位应当采取合理的预防、受理投诉、调查处置等措施,防止和制止利用职权、从属关系等实施性骚扰。

问题解答 王大的行为构成职场性骚扰,应当对钱兰承担立即停止性骚扰行为、赔礼道歉、赔偿精神抚慰金等侵权责任。作为用人单位,应当结合本单位的实际情况,制定切实有效的性骚扰防范细化措施，力争通过合理的制度设置，形成企业全员共同防范性骚扰的整体合力。作为员工，在遇到性骚扰时，要敢于说不，以果断坚决的态度遏制骚扰行为的发展程度和再次发生的概率，并注意留存证据材料，维护自身的合法权益。作为上级主管人员，在下属遇到性骚扰时，亦应积极履行用人单位制度规定的管理人员职责，以妥善合适的方式为下属抵制性骚扰。

6 为了追讨合法债务，可以拘禁债务人吗？

李木为建造房屋向其堂哥李金借钱。房屋建造好之后，李金多次催促李木还钱，李木还了部分，余款迟迟未还。某日，李金带着一群兄弟堵在李木家门口，催促其还钱并和他的兄弟一起将李木堵在屋内3天，不允许其出门，给李木的生活造成了极大的困扰。李木的身体状态每况愈下直至晕厥。事后，李木要求李金赔偿自己的医药费、精神抚慰金等费用。李金则认为自己是在追索合法债务，无须赔偿。

法条指引 《中华人民共和国民法典》第一千零一十一条 以非法拘禁等方式剥夺、限制他人的行动自由,或者非法搜查他人身体的,受害人有权依法请求行为人承担民事责任。

问题解答 债权人不可为了追索合法债务而拘禁他人。根据《中华人民共和国民法典》第一千零一十一条的规定,以非法拘禁等方式限制他人的行动自由,受害人有权依法请求行为人承担民事责任。本案中,李木虽然欠李金借款未归还,但是李金也应该通过合法的方式催要借款。李金召集众兄弟通过非法拘禁的方式限制了李木的行动自由,给李木的人身自由、人格尊严造成了损害,李金等人应当承担侵权责任。

7 夫妻离婚后,一方有权给未成年孩子改姓吗?

冯风和吴二牛系夫妻,育有一女吴小粉。2020年,冯风和吴二牛协议离婚,吴小粉跟随冯风生活。2021年,冯风与陈东结婚,婚后陈东对吴小粉视如己出,关怀备至。故冯风在未经过吴二牛同意的情况下，去公安机关将吴小粉的名字改为陈小粉。吴二牛得知此事之后十分恼怒，要求冯风将陈小粉的名字改回吴小粉，冯风置之不理。吴二牛遂诉至法院，请求法院判令将陈小粉的名字改为吴小粉。

法条指引 《中华人民共和国民法典》第一千零一十二条 自然人享有姓名权，有权依法决定、使用、变更或者许可他人使用自己的姓名，但是不得违背公序良俗。

问题解答 夫妻离婚后，一方未经过对方同意的，无权给未成年子女改姓名。未成年人的姓名原则上应当由父母协商决定，父或者母一方无法单独变更孩子的姓名。父母离婚后，子女无论由父或者母抚养，仍然是双方的子女，父母的监护职责不会因为离婚事实的存在而消失，因此未成年子女姓名的决定权和变更权应由其父母双方共同行使。本案中，冯风在未经吴二牛同意的情况下，擅自将他们的婚生女吴小粉的姓名改成陈小粉，侵犯了吴二牛的合法权益，冯风的行为构成侵权。冯风应该到相应的公安机关申请将未成年女的姓名恢复成吴小粉。

8 在网络平台上发布他人照片并辱骂的，要承担责任吗？

2021年政府为帮扶施瓦村村民，决定建造一座水塔用以解决饮水问题，水塔占用了李木家族祖坟的部分土地。按照该地风俗习惯，李木要做仪式才能动工建造水塔。在做仪式时，李金与李木发生纠纷，二人均被赶到现场的民警带走拘留。拘留期满之后，李金用“沙漠孤狼”的名字在抖音及施瓦村微信群中发布李木的肖像并配以“施瓦村村霸，整个李姓家族都要听他的”等文字。

法条指引 《中华人民共和国民法典》第一千零一十九条　任何组织或者个人不得以丑化、污损，或者利用信息技术手段伪造等方式侵害他人的肖像权。未经肖像权人同意，不得制作、使用、公开肖像权人的肖像，但是法律另有规定的除外。

未经肖像权人同意，肖像作品权利人不得以发表、复制、发行、出租、展览等方式使用或者公开肖像权人的肖像。

问题解答 肖像权是公民同意或不同意他人利用自己肖像的权利。本案中，李金因和李木发生纠纷，气不过在微信、抖音里传播李木的肖像，并进行了言语侮辱，给李木名誉造成了损失，李金的行为已构成对李木肖像权、名誉权的侵害，依法应承担侵权的民事责任。李金应该在施瓦村村委会的宣传栏中张贴道歉声明，并在微信群及抖音发表道歉声明，公开向李木赔礼道歉，以消除对李木的不利影响。

9 为防小偷安装的摄像头正对着邻居家大门，是否侵犯其隐私权？

2021年李木将自家房屋翻新重修，在搭建脚手架时借用了钱兰家房屋东侧墙体。后钱兰在其东侧墙体的窗户旁安装了两个摄像头，正对着李木家的大门，双方因此产生纠纷。钱兰称李木家搭建了脚手架后，自己家里连续几次失窃，安装摄像头是为了防止小偷。而李木则认为，安装的摄像头对着自己家的大门，自己的行动轨迹时时刻刻被记录，自己以及家人的隐私权遭到了侵害。

法条指引 《中华人民共和国民法典》第一千零三十二条 自然人享有隐私权。任何组织或者个人不得以刺探、侵扰、泄露、公开等方式侵害他人的隐私权。

隐私是自然人的私人生活安宁和不愿为他人知晓的私密空间、私密活动、私密信息。

问题解答　钱兰的行为侵犯了李木的隐私权。私密活动是一切个人的、与公共利益无关的活动，其性质也被称为"自治型隐私权"。私人活动包括日常生活、社会交往等。若权利人不愿让他人知晓自己的活动，他人不应拍摄、录制、公开、窥视、窃听。安装摄像头等高科技产品，主观上是为了防止小偷，但客观上可能会将邻居的日常生活信息完整记录下来，侵害他人隐私等合法权益。个人在行使自身权利时，也负有不妨害他人合法权益的注意义务。因此钱兰应当停止侵害，拆除摄像头或改变摄像头方向。

10 在微信群发布拖欠薪资包工头的个人信息，需要承担责任吗？

吴二牛因工作薪资等问题与包工头发生纠纷，遂在"施瓦村在外务工小分队"微信群中多次公布包工头的个人信息，部分内容为："大家好！在这里我跟大家说一下，你们的工资不对的或者是代理费没发的，都可以直接打电话给包工头，他的电话是155××××××××，上级公司已经把该给的都发给他了，他不发给我们。"并将包工头的照片公布在群里。包工头认为吴二牛的行为侵犯了其合法权益，故将其诉至法院。

法条指引 《中华人民共和国民法典》第一千零三十四条 自然人的个人信息受法律保护。

个人信息是以电子或者其他方式记录的能够单独或者与其他信息结合识别特定自然人的各种信息，包括自然人的姓名、出生日期、身份证件号码、生物识别信息、住址、电话号码、电子邮箱、健康信息、行踪信息等。

个人信息中的私密信息，适用有关隐私权的规定；没有规定的，适用有关个人信息保护的规定。

问题解答 进城务工人员因包工头拖欠其款项，在微信群发布包工头真实个人信息的，需要承担责任。本案中，吴二牛在微信群中未经包工头许可公开了其电话号码、个人照片等，构成对其个人信息的侵害。虽然包工头和吴二牛之间存在民事纠纷，但吴二牛应通过合法途径进行合理解决，不应擅自公开包工头的个人信息，侵犯包工头的合法权利。据此，吴二牛的行为具有违法性，该违法行为已侵犯了包工头的个人信息，且主观上具有过错，故吴二牛应当承担相应侵权责任。

11 在网络平台上曝光亲戚的不孝顺行为，需要承担责任吗？

李木与儿媳发生了争吵，儿子儿媳一怒之下将李木赶出了房子不让其居住。李金闻声赶到现场并用手机进行拍摄，后将该段视频发布在微信朋友圈和抖音平台上，配上“乌鸦都知道反哺，这两个人连乌鸦也不如”等文字。李木的儿子儿媳认为李金在微信、抖音中散布的信息侵犯了他们的名誉权，要求李金承担侵权责任。李金则认为自己发布的视频是实事，是曝光而非诽谤。

法条指引 《中华人民共和国民法典》第九百九十九条　为公共利益实施新闻报道、舆论监督等行为的，可以合理使用民事主体的姓名、名称、肖像、个人信息等；使用不合理侵害民事主体人格权的，应当依法承担民事责任。

问题解答 在微信朋友圈、抖音等网络平台上曝光亲戚的不孝顺行为，在合理限度内，不需要承担责任。民事主体享有人格权，但在具体行使这一权利的过程中也要为公共利益让渡一部分权利，即为公共利益实施新闻报道、舆论监督等行为的，允许合理使用民事主体的姓名、名称、肖像、个人信息等。本案中，李金在微信朋友圈、抖音平台上发布视频，是对当时情形的客观记录和对李木儿子儿媳不当行为的谴责，主观上不存在捏造事实、诋毁人格名誉的过错，言语虽有不恰当之处，但不超过正常舆论监督和正常人情绪宣泄的限度，不构成对李木儿子儿媳名誉的损害。

12 未将兄弟姐妹的名字篆刻在父母墓碑上的行为合法吗？

卜大、卜幺系兄妹，其父亲去世后，卜大和卜幺在对其父亲的住房公积金进行分配时发生矛盾，卜大因此故意不将卜幺的名字刻在父亲的墓碑上。卜幺认为，卜大的行为严重损害了自己的合法权益，要求重新为父亲立碑，按照长幼顺序将自己的姓名篆刻在父亲的墓碑上。而卜大则认为，为父亲固坟、垒坟、立碑均是自己经办的，卜幺未参与其中，且依卜门古训，女不上碑文，重新立碑侵犯了其他人的姓名权。

法条指引 《中华人民共和国民法典》第八条 民事主体从事民事活动，不得违反法律，不得违背公序良俗。

《中华人民共和国民法典》第一千零一条 对自然人因

婚姻家庭关系等产生的身份权利的保护，适用本法第一编、第五编和其他法律的相关规定；没有规定的，可以根据其性质参照适用本编人格权保护的有关规定。

问题解答 未将兄弟姐妹的名字篆刻在父母墓碑上的行为不合法。当事人在民事活动中的地位平等。民事主体从事民事活动，不得违反法律，不得违背公序良俗。民事活动应当尊重社会公德。墓碑不仅是逝者安葬地的标志，也是承载亲属哀思的纪念物，墓碑的署名体现着署名者与逝者特定的身份关系。本案中，卜幺与逝者系父女关系，与卜大系亲兄妹关系，二人应平等享有对逝去长辈尽孝和悼念的权利。卜大在负责篆刻父亲的墓碑时，未将卜幺的名字篆刻上去，侵害了其对去世父亲的尽孝和悼念的权利，因此，卜幺有权要求将自己的名字篆刻在父亲的墓碑上。

13 父亲去世未被告知，弟弟可以状告姐姐侵犯其祭奠权吗？

王芳和王云系姐弟，王大强系二人的父亲。王云长年在外务工，王大强与王芳一同居住。2021年王大强去世，王芳在未通知弟弟王云的情况下，为父亲举办了葬礼并火化，骨灰寄存在殡仪馆。半年后，王云回家探望父亲，才得知父亲已经去世六个月，王云认为自己连父亲最后一面都未曾见上，自己的感情受到严重伤害，遂向法院提起诉讼。

法条指[illegible] [illegible]人民共和国民法典》第九百九十条　人格权是[illegible]、身体权、健康权、姓名权、名称权[illegible]私权等权利。

除前[illegible]自然人享有基于人身自由、人格尊严产生的[illegible]。

问题解答 可以。祭奠作为一种情感的寄托方式，已经成为我国各个民族中普遍存在的风俗习惯，它体现的是对亲人的追思、对生命的尊重。但逝者近亲属的祭奠权是基于近亲属身份关系在精神利益上产生的权利，由所有权成员共同拥有，非一方或某一个人独有。本案中，亡者王大强与王云系父子关系，王芳应该及时将父亲去世的消息以及相关善后事宜告知弟弟，便于其祭奠、吊唁。王芳未尽告知义务，其行为在一定程度上侵害了王云的人格权益，导致其感情受到严重伤害，故王芳应当承担赔礼道歉以及精神损害赔偿等责任。

14 女婿擅自移走女儿骨灰，是否侵犯了岳父的祭奠权？

顾丫丫与孟大富系夫妻，顾老五系顾丫丫父亲。顾丫丫于2021年病逝，顾老五与孟大富协商出资购买了一处墓地预安葬顾丫丫。后孟大富反悔，将顾丫丫的骨灰从殡仪馆骨灰存放处取走，安置在另一处骨灰堂，并拒绝让顾老五及家属祭奠。顾老五认为，其至今不知女儿骨灰下落，无处祭奠，孟大富的违法行为严重侵犯了自己的祭奠和安葬权。孟大富则认为，自己已经妥善保存安置妻子的骨灰，并未侵犯顾老五的权利。

法条指引 《中华人民共和国民法典》第八条　民事主体从事民事活动，不得违反法律，不得违背公序良俗。

《中华人民共和国民法典》第一千零一条　对自然人因婚姻家庭关系等产生的身份权利的保护，适用本法第一编、第五编和其他法律的相关规定；没有规定的，可以根据其性质参照适用本编人格权保护的有关规定。

问题解答 死者配偶擅自移走骨灰的行为不合法。祭奠权是近亲属对于死者进行祭奠的权利。亲属之间应当本着互谅互让、相互尊重的精神，合法、合情、合理地行使祭奠权，行使祭奠权者，应当同时尊重其他方享有的这一权利。本案中，顾老五和孟大富在顾丫丫去世后均平等地享有对其追思、追忆的权利，虽然孟大富将骨灰安葬于骨灰堂符合相关规定及传统要求，但安葬时应提前通知享有同等权利的顾老五，便于其祭奠。孟大富在未告知顾老五的情况下擅自移走骨灰的行为确实在一定程度上侵犯了顾老五的祭奠权利，并对其情感造成一定的伤害。

15 进城务工人员在施工过程中受伤，但自己也有责任的，该怎么办?

绿之府合作社承包了九龙大桥绿化工程，周大明系绿之府合作社的施工人员。2021年8月的某天，周大明叫进城务工人员张三带人去工地务工，张三等人在周大明的安排下做杂工。周大明安排吊车师傅到停车场吊10米高的大树，并进行现场指挥，张三等人协助吊车师傅将树吊起重栽。在起吊过程中，张三距离大树3米，大树突然倾斜将张三砸伤。张三立即被送至县人民医院治疗，24天后出院，花费医疗费42180.92元，这笔费用应该怎么处理?

法条指引 《中华人民共和国民法典》第一千一百七十三条 被侵权人对同一损害的发生或者扩大有过错的，可以减轻侵权人的责任。

问题解答 本案中，被吊装的大树高约10米，吊装过程中可能发生摆动、倾倒等危险是可以预见的，张三在起吊过程中仅距离大树3米，尚在危险范围内，因此在吊装过程中树木倾倒致张三受伤。张三未撤离到安全区域，属于疏忽大意的过失，与损害发生也有因果关系，故应当减轻侵权人的赔偿责任。最终可以根据过错的形式以及各方应有的相关法定义务和注意义务，分配赔偿责任。

16 从事劳务的进城务工人员故意造成自己损害的，该怎么办？

2021年7月29日，嘉盛公司将其承包范围内的清运工作包给姚水柱负责，姚水柱同时聘请杨老二一起清运该路段垃圾。2022年7月30日下午2时许，姚水柱、杨老二在倾倒垃圾后，途经某鱼塘时，杨老二要求下车捞鱼，被姚水柱拒绝。下午6时许，车子行驶到另一河塘时，杨老二又要求下车，并且威胁不停车就砸车窗。姚水柱将车停下后，杨老二提着桶下了车。2022年7月30日晚上8时许，某县公安局派出所接到匿名报警，称有人溺水，民警赶到现场时，发现杨老二被渔网套住已经溺水身亡。

法条指引 《中华人民共和国民法典》第一千一百七十四条 损害是因受害人故意造成的，行为人不承担责任。

问题解答 如果进城务工人员在从事劳动的过程中，自己故意造成损害，用人单位将不承担任何责任。本案中，杨老二自己要求下车去河塘捞鱼后溺水身亡，其死亡结果是由其自己故意造成的，根据《中华人民共和国民法典》第一千一百七十四条的规定，用人单位将不承担损害赔偿责任。

17 进城务工人员遭受侵权后可以主张何种赔偿?

彭大牛与某建筑公司达成口头协议，由彭大牛承接砌砖工作，该建筑公司按每立方米80元支付价款。随后彭大牛联系洪大等进城务工人员一起砌砖，彭大牛亦按照每立方米

60元向洪大等人支付报酬。作为接受劳务的建筑公司疏于对施工现场的安全管理和现场监督，搭设的作业架存在安全隐患，导致洪大因外架垮塌摔下受伤。经司法鉴定，洪大为二级伤残，完全丧失劳动能力，洪大向法院提出侵权损害赔偿。那么洪大具体可以主张何种赔偿请求？

法条指引 《中华人民共和国民法典》第一千一百七十九条 侵害他人造成人身损害的，应当赔偿医疗费、护理费、交通费、营养费、住院伙食补助费等为治疗和康复支出的合理费用，以及因误工减少的收入。造成残疾的，还应当赔偿辅助器具费和残疾赔偿金；造成死亡的，还应当赔偿丧葬费和死亡赔偿金。

问题解答 进城务工人员遭受侵权，可以依据《中华人民共和国民法典》第一千一百七十九条向侵权人主张赔偿。本案中，司法鉴定中心鉴定洪大为二级伤残，完全丧失劳动能力，根据洪大的伤残等级和当地城镇居民人均可支配收入标准，某建筑公司应支付洪大残疾赔偿金。此外，还需赔偿洪大受伤后的医疗费、护理费、伙食补助费、误工费、营养费、残疾用具费、后期医疗费、交通费、鉴定费、精神抚慰金等损失。

18 进城务工人员干活期间致他人损害的，由谁承担责任？

2022年2月，进城务工人员姜小虎为某建设集团有限公司提供木工劳务。2022年5月20日，因钢筋绑扎需要姜小虎登高进行作业，在进行作业的过程中因操作不当将王大花砸伤。经鉴定，王大花腰椎压缩性骨折，经手术治疗后，该损伤构成十级伤残。王大花向法院起诉要求赔偿。经查明，进城务工人员姜小虎并未与该建设集团有限公司签订合同，该建设集团有限公司每月向姜小虎银行卡支付工资，但未缴纳保险。那么王大花应当向谁请求赔偿呢？

法条指引 《中华人民共和国民法典》第一千一百九十一条第一款　用人单位的工作人员因执行工作任务造成他人损害的，由用人单位承担侵权责任。用人单位承担侵权责任后，可以向有故意或者重大过失的工作人员追偿。

问题解答 用人单位应当与劳动者签订劳动合同，即使未签订劳动合同，在劳动者执行工作任务时造成他人损害，用人单位依然需要依照法律的规定向被侵权人承担相应的侵权责任。本案中，即使该建设集团有限公司非法雇佣劳动者，在姜小虎造成王大花侵害时，该建设集团有限公司仍需要为姜小虎的侵权行为向王大花承担赔偿责任。

19 个人提供劳务过程中受伤住院治疗，医疗费怎么办？

杨水花作为某项目的负责人根据授权将该项目工程中的砌砖和抹灰分项工程发包给无任何资质的自然人陈铁栓。2022年11月11日，陈铁栓招用进城务工人员刘富贵在该工地从事砌砖工作，工资约定为每天160元。2022年11月19日，刘富贵在砌砖过程中，不慎从高处摔下受伤。受伤后，刘富贵随即被送往县中医院进行治疗。经诊断被确定为右侧肋骨骨折。刘富贵应当向谁主张损害赔偿？

法条指引 《中华人民共和国民法典》第一千一百九十二条第一款 个人之间形成劳务关系，提供劳务一方因劳务造成他人损害的，由接受劳务一方承担侵权责任。接受劳务一方承担侵权责任后，可以向有故意或者重大过失的提供劳务一方追偿。提供劳务一方因劳务受到损害的，根据双方各自的过错承担相应的责任。

问题解答 个人之间形成劳务关系，提供劳务的一方因劳务受到损害的，根据双方各自的过错承担侵权责任。本案中，无任何资质的自然人陈铁栓承包砌砖和抹灰的项目后，招用进城务工人员刘富贵从事砌砖工作，形成了个人之间的劳务关系，刘富贵在砌砖过程中不慎从高处摔下，应当由接受劳务的一方即陈铁栓分担相应的责任。

20 未成年人致人损害的，应当由谁承担损害赔偿责任？

过年期间，阿珍带自己7岁的孩子小莫莫回老家过年，小莫莫与同村的孩子在户外放鞭炮玩。由于小莫莫年龄小胆子也小，刚点燃鞭炮就赶紧向远处扔。不料同村的赵小刚刚好路过，鞭炮恰巧被扔进其衣服里，赵小刚被炸伤。赵小刚应当向谁请求损害赔偿呢？

法条指引 《中华人民共和国民法典》第二十条　不满八周岁的未成年人为无民事行为能力人，由其法定代理人代理实施民事法律行为。

《中华人民共和国民法典》第一千一百八十八条　无民

事行为能力人、限制民事行为能力人造成他人损害的，由监护人承担侵权责任。监护人尽到监护职责的，可以减轻其侵权责任。

有财产的无民事行为能力人、限制民事行为能力人造成他人损害的，从本人财产中支付赔偿费用；不足部分，由监护人赔偿。

问题解答 《中华人民共和国民法典》规定，不满八周岁的未成年人为无民事行为能力人。无民事行为能力人造成他人损害的，由其监护人承担损害赔偿责任。这主要是因为无民事行为能力人缺乏相应的判断能力和责任承担能力，因此规定由其监护人承担责任。但同时该法也规定，对于已经尽到了监护义务的监护人，可以减轻相应的责任。本案中，小莫莫属于无民事行为能力人，其造成他人损害的应当由其监护人阿珍承担责任，同时阿珍没能尽到合理的监管义务，存在一定的过错，因此不能减轻其损害赔偿责任。

21 父母委托他人照看孩子时，孩子致他人损害，谁担责？

进城务工人员王丹丹与丈夫一直在外打工，其委托村里好友赵小丽帮忙照看自己6岁的孩子童童。某日赵小丽在接童童放学回家途中，由于监管不到位，童童与同行的同学天天打闹，将天天抓伤。天天被送往医院治疗，花费医疗费563元。应当由谁承担损害赔偿责任？

法条指引 《中华人民共和国民法典》第一千一百八十九条 无民事行为能力人、限制民事行为能力人造成他人损害，监护人将监护职责委托给他人的，监护人应当承担侵权责任；受托人有过错的，承担相应的责任。

问题解答 未成年人的监护人可以将部分或者全部监护职责委托给他人，但当被监护人致人损害时，监护人不得因为将监护权委托给他人而免责。本案中，童童侵害同学天天人身权益，王丹丹和其丈夫作为监护人应当承担侵权责任。同时，由于受托人赵小丽在看护孩子时疏忽大意，存在一定的过错，故对于天天的损害应当承担相应的责任。

22 孩子遭受校园霸凌，怎么办？

进城务工人员张大牛一直在外打工，某次放假回家看到家中孩子张小牛（12岁）身上有淤青。了解情况后得知，张小牛长期受到同学王大虎（15岁）等人的欺凌，多次遭到他们的围堵、侮辱、殴打，致其轻微伤。张大牛该怎么办？

法条指引 《中华人民共和国民法典》第一千一百八十八条第一款 无民事行为能力人、限制民事行为能力人造成他人损害的，由监护人承担侵权责任。监护人尽到监护职责的，可以减轻其侵权责任。

《中华人民共和国民法典》第一千二百条 限制民事行为能力人在学校或者其他教育机构学习、生活期间受到人身损害，学校或者其他教育机构未尽到教育、管理职责的，应当承担侵权责任。

《中华人民共和国家庭教育促进法》第十六条 未成年人的父母或者其他监护人应当针对不同年龄段未成年人的身心发展特点，以下列内容为指引，开展家庭教育：

…………

（五）关注未成年人心理健康，教导其珍爱生命，对其进行交通出行、健康上网和防欺凌、防溺水、防诈骗、防拐卖、防性侵等方面的安全知识教育，帮助其掌握安全知识和技能，增强其自我保护的意识和能力；

…………

问题解答 未成年人在学校遭受霸凌应当由霸凌人承担侵权责任。因此，对于张小牛所遭受的损害应当由王大虎等人承担，但由于王大虎等人尚未成年，应由其父母承担替代责任。同时若张小牛所在学校对于霸凌行为没有尽到及时发现、处理等教育、管理责任的，也应当承担侵权责任。此外，家长落实监护责任十分重要，要及时关注孩子的学校生活状态、心理状态，对孩子进行安全知识教育，给予孩子充足的关爱与支持。

23 在饭店吃饭时因地板湿滑摔倒，饭店是否承担赔偿责任？

雷素芬前往乡镇某饭店二楼吃饭，其间途经饭店内湿滑的楼梯口去洗手间，直接从二楼楼梯口滚落至一楼，造成小臂骨折，住院15天，花费医疗费16842元。雷素芬主张饭店内地面湿滑，没有设立“小心地滑”的警示牌，导致其摔伤，饭店应当承担赔偿责任。雷素芬的主张能够得到支持吗？

法条指引 《中华人民共和国民法典》第一千一百九十八条第一款　宾馆、商场、银行、车站、机场、体育场馆、娱乐场所等经营场所、公共场所的经营者、管理者或者群众性活动的组织者，未尽到安全保障义务，造成他人损害的，应当承担侵权责任。

问题解答　本案中，饭店地面湿滑，且没有设立“小心地滑”的警示牌，说明饭店没有尽到合理的注意义务，且是由于饭店的过失，直接导致雷素芬受伤，因此饭店应当承担损害赔偿责任。

24 学生在学校受伤，怎么办？

缪旺财系某小学六年级学生。2022年11月，缪旺财在校园内玩耍时被一根横拉的铁丝绊倒致牙齿、牙龈等受伤。事发地系校园内读书广场与人行通道之间的绿化带，铁丝系该小学为防止学生直接从绿化带处穿行踩踏草木而在两棵树之间横拴的，但未设置任何警示标志。缪旺财父母诉至法院要求学校赔偿医疗费等损失4万余元。缪旺财父母的主张能够得到支持吗？

法条指引　《中华人民共和国民法典》第一千二百条　限制民事行为能力人在学校或者其他教育机构学习、生活期间受到人身损害，学校或者其他教育机构未尽到教育、管理职责的，应当承担侵权责任。

问题解答 限制民事行为能力人在学校或者其他教育机构学习、生活期间受到损害的，学校或者教育机构存在过错的，应当承担损害赔偿责任。本案中，事发地系校园内读书广场与人行通道之间的绿化带，此处常有学生走动。鉴于小学生的认知能力和爱动的天性，极易直接穿行绿化带，而该校在绿化带内的树间横拉一段铁丝，隐蔽性极强，存在较大安全隐患。因此由于学校存在过错，应当认定学校承担相应的责任。

25 将车辆借给他人发生交通事故，怎么办？

某村村民赵小花拥有一辆汽车，邻居左前进某日前来借车，说是去车站接自己的远房亲戚。赵小花知道左前进没有驾照，不想将汽车借给他。但在左前进的软磨硬泡下，赵小花还是勉强答应了。那天正值大暴雨，左前进在去车站的路上，在某山坡拐弯处超速行驶，因来不及刹车，与迎面而来的轿车相撞，致使轿车内的宋大虎受重伤。此次事故应当由谁承担损害赔偿责任呢？

法条指引 《中华人民共和国民法典》第一千二百零九条 因租赁、借用等情形机动车所有人、管理人与使用人不是同一人时，发生交通事故造成损害，属于该机动车一方责任的，由机动车使用人承担赔偿责任；机动车所有人、管理人对损害的发生有过错的，承担相应的赔偿责任。

问题解答 根据《中华人民共和国民法典》的规定，基于车辆所有人、管理人真实合意的车辆租借，如果发生交通事故，由机动车使用人承担赔偿责任。但是如果机动车所有人、管理人对损害的发生有过错的，应承担相应的责任。本案中，左前进存在无证驾驶、超速等违法行为，是交通事故的直接责任人，应当承担损害赔偿责任。同时赵小花明知左某前进没有驾照，还将车借给他，存在一定的过错，应当承担相应的赔偿责任。

26 因产品缺陷致人损伤，怎么办？

2021年10月，黄二牛在某超市买了一台微波炉。次日其按照说明书正常使用微波炉加热饭菜时，突然一声巨响，微波炉爆炸，导致黄二牛面部烧伤，住院期间花费医药费等6649元。事后，经当地市场监督管理局检测，发现该微波炉存在严重的质量问题。黄二牛遭受的人身和财产损失应当向谁主张损害赔偿呢?

法条指引 《中华人民共和国民法典》第一千二百零二条 因产品存在缺陷造成他人损害的，生产者应当承担侵权责任。

《中华人民共和国民法典》第一千二百零三条 因产品存在缺陷造成他人损害的，被侵权人可以向产品的生产者请求赔偿，也可以向产品的销售者请求赔偿。

产品缺陷由生产者造成的，销售者赔偿后，有权向生产者追偿。因销售者的过错使产品存在缺陷的，生产者赔偿后，有权向销售者追偿。

问题解答 产品侵权采用的是无过错归责原则，只要消费者举证证明其因为缺陷产品产生了人身或者财产损失，生产者就应当承担损害赔偿责任。对于有缺陷的产品，消费者既可以向生产者也可以向销售者主张损害赔偿责任。而销售者承担的是过错责任，即销售者无过错的，在承担责任过后可以向生产者进行全部追偿。因此，本案中，黄二牛的人身和财产损害，既可以向生产者也可以向销售者请求赔偿。

27 工厂排放大量污水导致庄稼坏死，该怎么办？

某村村民吴铁牛，一直种植水稻。2022年，吴铁牛突然发现自家的水稻全都坏死了，当地的生态环境也受到了严重破坏。于是吴铁牛请来有关部门进行检测。经检测发现，水稻坏死是因为上游工厂排放的污水流入灌溉渠道内，导致水稻受污染，大量坏死。后经调查发现，该工厂故意违反国家污水综合排放标准进行污水排放。那么吴铁牛可以怎样维护自己的权益呢？

法条指引 《中华人民共和国民法典》第一千二百三十条　因污染环境、破坏生态发生纠纷，行为人应当就法律规定的不承担责任或者减轻责任的情形及其行为与损害之间不存在因果关系承担举证责任。

《中华人民共和国民法典》第一千二百三十二条　侵权人违反法律规定故意污染环境、破坏生态造成严重后果的，被侵权人有权请求相应的惩罚性赔偿。

问题解答 在环境污染的案件中，侵权人责任的认定采用“因果关系倒置”的归责原则，受害人仅就存在侵权行为、损害后果这两个要件承担证明责任，行为人对无因果关系和免责事由进行举证。本案中，吴铁牛仅需就其水稻遭到破坏、工厂有排放污水的两个行为要件承担证明责任。由于工厂无法证明损害与排放污水之间没有因果关系，且无法证明自己存在免责事由，因此应当承担损害赔偿责任。此外，根据《中华人民共和国民法典》的规定，因该工厂故意排放污水，污染生态环境，环保部门可以向其主张惩罚性赔偿。

28 高空抛物致人损害，该怎么办？

城中村住户张大爷某天下午在小区内散步，走到5栋时突然被“从天而降”的烟灰缸砸中晕倒在地。张大爷被送往医院，治疗花费3万余元。后经过公安机关调查，无法查明扔出烟灰缸的具体住户，那么应该由谁承担损害赔偿责任？

法条指引 《中华人民共和国民法典》第一千二百五十四条 禁止从建筑物中抛掷物品。从建筑物中抛掷物品或者从建筑物上坠落的物品造成他人损害的，由侵权人依法承担侵权责任；经调查难以确定具体侵权人的，除能够证明自己不是侵权人的外，由可能加害的建筑物使用人给予补偿。可能加害的建筑物使用人补偿后，有权向侵权人追偿。

物业服务企业等建筑物管理人应当采取必要的安全保障措施防止前款规定情形的发生；未采取必要的安全保障措施的，应当依法承担未履行安全保障义务的侵权责任。

发生本条第一款规定的情形的，公安等机关应当依法及时调查，查清责任人。

问题解答 本案中，由于无法确认具体的侵权人，张大爷可以向可能侵权的人主张承担公平责任。若公安机关最终查明具体侵权人，已经承担公平责任的住户可以向其追偿。此外，若物业服务公司没能采取必要的安全保障措施来防止高空抛物情形发生的，也应当承担相应的责任。

第二篇

农民财产权益保护

1 外嫁女还享有娘家的土地承包经营权益吗?

李老汉所在家庭以李老汉为户主共3人承包了村里耕地3亩。几年后,李老汉女儿李大翠嫁到了邻村居住,户口也随之迁出,其丈夫系承包人口并承包有土地。后政府征用了李老汉家承包的3亩地,那么,对于征地补偿款,“外嫁女”李大翠可以主张自己的份额吗?

法条指引 《中华人民共和国农村土地承包法》第三十一条 承包期内,妇女结婚,在新居住地未取得承包地的,发包方不得收回其原承包地;妇女离婚或者丧偶,仍在原居住地生活或者不在原居住地生活但在新居住地未取得承包地的,发包方不得收回其原承包地。

问题解答 李大翠无权就征地补偿款主张自己的份额。土地承包经营以家庭为承包单位,在未经集体经济组织按照法定程序改变的情况下,承包户内原承包人口的变化并不影响该承包户承包的土地面积。同时,土地承包经营收益以及征收承包地的补偿归承包户所有,外嫁女已成为夫家家庭成员并融入夫家,成为该方集体经济组织成员,其不再是娘家的家庭成员,在娘家的集体经济组织成员资格自动丧失,原则上不再享有娘家土地承包经营权益。例外情况下，如果外嫁女在新居住地未取得承包地，则不得剥夺其在原居住地的土地承包经营权益，避免出现“两头空”局面。上述情形中，李大翠不属例外情形，因此不再享有娘家的土地承包经营权益，不能就征地补偿款主张自己的份额。

2 土地承包经营权可以转让吗？

李大牛家在村里承包了5亩地，后来李大牛想要外出务工，妻子自己难以耕种此5亩地。于是，李大牛在征得村委会同意后，与同村李二强达成协议，将自己承包的5亩地转让给李二强家。那么，上述情形中，两家之间的承包地转让协议效力如何？

法条指引 《中华人民共和国民法典》第三百三十四条 土地承包经营权人依照法律规定，有权将土地承包经营权互换、转让。未经依法批准，不得将承包地用于非农建设。

《中华人民共和国民法典》第三百三十五条 土地承包经营权互换、转让的，当事人可以向登记机构申请登记；未经登记，不得对抗善意第三人。

问题解答 两家的承包地转让协议有效，李二强家成为新的承包经营人。土地承包经营权的转让需要同时满足以下条件：征得发包方的同意；转让方为承包方，受让方必须是本集体经济组织的其他农户。所以，在上述情形中，两家之间的土地承包经营权转让行为满足以上条件，当属有效，但需要登记才能产生对抗善意第三人的效力。

3 宅基地可以转让给没有资质的人吗？

李村分配给了李大牛宅基地80平方米。李大牛没有在自己宅基地上建房，而是与城里人王老五签订《宅基地使用权转让协议》，协议将宅基地以6万元的价格转让给王老五。不久后，王老五开始在此宅基地上兴建房屋。李村村委会得知此事后认为本村宅基地不能转让给城镇居民。那么，上述情形中，李大牛和王老五之间的协议效力如何？城里人王老五可以去农村建房子吗？

法条指引 《中华人民共和国民法典》第一百五十三条 违反法律、行政法规的强制性规定的民事法律行为无效。但是，该强制性规定不导致该民事法律行为无效的除外。

《中华人民共和国民法典》第三百六十三条 宅基地使用权的取得、行使和转让，适用土地管理的法律和国家有关规定。

问题解答 转让协议因违反强制性规定而无效，城里人王老五不可以在李村建房。农村宅基地属于农民集体所有，由村集体经济组织或者村民委员会经营、管理，应按照法律和国家政策分配给本村村民使用。此外，根据《中央农村工作领导小组办公室、农业农村部关于进一步加强农村宅基地管理的通知》的规定，宅基地使用权可以在农村集体经济组织内部经批准后流转，不能向本集体经济组织以外的单位或个人出售。所以，在上述情形中，王老五并非李村集体经济组织成员，其不能通过购买宅基地在李村建房，二人协议无效，宅基地使用权不发生转让效力。城里人想要在农村居住可以通过租房与村民合作建房等方式实现。

4 农民的住房可以卖给城里人吗?

李小牛在城里居住,如今父母年事渐高,为方便照顾,李小牛将父母接到了城里一同居住。其父李大牛在搬家之前决定将现在居住的农村住房卖给城里的王老板,以卖房款贴补儿子家用。那么,上述情形中的房屋买卖合同有效吗?

法条指引 《中华人民共和国民法典》第一百五十三条第一款 违反法律、行政法规的强制性规定的民事法律行为无效。但是,该强制性规定不导致该民事法律行为无效的除外。

《中华人民共和国民法典》第三百六十三条 宅基地使用权的取得、行使和转让,适用土地管理的法律和国家有关规定。

问题解答 房屋买卖合同因违反强制性规定而无效。根据我国法律中"房随地走、地随房走"的原则,房、地应当一体转让。宅基地的所有权主体是集体,农民只拥有宅基地的使用权。为保障农民住有所居,我国严格限制宅基地使用权的转让。根据《中央农村工作领导小组办公室、农业农村部关于进一步加强农村宅基地管理的通知》《国务院办公厅关于严格执行有关农村集体建设用地法律和政策的通知》等现行法律政策的规定，宅基地使用权只能在农村集体经济组织内部经批准后流转，不能向本集体经济组织以外的单位或个人出售。所以，在宅基地不能自由转让的条件下，宅基地上的房屋也无法自由转让。所以，上述情形中，李大牛将农村房屋卖给城里人的买卖合同无效。

5 城中村改造，《合作开发协议》需要经村民会议讨论决定吗？

A市为加快城市建设节奏，决定对城市规划区内城中村李村实施改造。李村村委会与B开发企业签订了《合作开发协议》，约定了补偿款的数额。村民得知此事后，认为村委会未经村民会议讨论决定，擅自和企业敲定补偿款，严重侵害了村民利益，主张《合作开发协议》无效。那么，上述情形中，《合作开发协议》需要经村民会议讨论决定吗？如果没有讨论决定，其效力如何？

法条指引 《中华人民共和国村民委员会组织法》第二十四条　涉及村民利益的下列事项，经村民会议讨论决定方可办理：

…………

（八）以借贷、租赁或者其他方式处分村集体财产；

（九）村民会议认为应当由村民会议讨论决定的涉及村民利益的其他事项。

村民会议可以授权村民代表会议讨论决定前款规定的事项。

…………

问题解答 李村村委会和B开发企业签订《合作开发协议》属于《中华人民共和国村民委员会组织法》中规定的处分村集体财产，涉及村民利益的事项。其未经村民会议讨论决定，属于违反强制性规定，当属无效。城中村改造是为了改善广大村民居住环境和生活水平、促进集体经济发展、推进城市化建设。但城中村改造以及拆迁补偿涉及村民共同利益，不可仅由村委会一个或者几个成员擅做决定，必须经过村民会议讨论决定。城中村改造需要依法进行，不能侵害村民利益。

6 经营者的“本店拥有最终解释权”声明有效吗？

镇上新开了一家大型超市，新店大酬宾，门口宣传横幅写道：“在活动期间，消费者到店内消费即可获赠精美小礼品一份，本活动最终解释权归本店所有。"那么，如果对于活动规则的理解产生争议，超市这种"本店拥有最终解释权"的声明是否有效？

法条指引 《中华人民共和国民法典》第四百九十七条 有下列情形之一的，该格式条款无效：

…………

（三）提供格式条款一方排除对方主要权利。

《中华人民共和国民法典》第四百九十八条 对格式条款的理解发生争议的，应当按照通常理解予以解释。对格式条款有两种以上解释的，应当作出不利于提供格式条款一方的解释。格式条款和非格式条款不一致的，应当采用非格式条款。

问题解答 超市的"本店拥有最终解释权"声明无效，因为其排除了对方主要权利——解释格式条款的权利。在对活动规则理解产生争议时，应当按照通常理解予以解释。对格式条款有两种以上解释的，应当作出不利于提供格式条款一方的解释。这也提醒我们在日常生活中遇到这种侵犯自己合法权益的霸王条款时，要注意保留一些凭证，例如店家带有"最终解释权归本店所有"的宣传等，便于维护自身权益。

7 买卖合同中，商品毁损、灭失的风险由谁承担？

李二强与李大牛签订耕牛买卖合同，约定李二强分期支付价款，当天李二强支付了第一次价款，且耕牛已完成交付。二人约定在李二强交付全部价款前，李大牛保留耕牛所有权。一日，李二强在使用耕牛过程中，突然天降暴雨，电闪雷鸣，耕牛不慎被雷击中死亡。那么，在上述情形中，风险应该由谁承担？

法条指引 《中华人民共和国民法典》第六百零四条 标的物毁损、灭失的风险，在标的物交付之前由出卖人承担，交付之后由买受人承担，但是法律另有规定或者当事人另有约定的除外。

问题解答 风险应由李二强承担，李二强无权请求李大牛另行交付耕牛，且仍需要继续支付剩余价款，若有因耕牛毁损取得的保险金，应最终归属于李二强。买卖合同中的风险负担是指在合同订立后，因不可归责于任何一方的事由，而发生的标的物毁损、灭失的损失由何方负担问题。风险转移原则上以交付为标准，而不以所有权转移为标准。在上述情形中，李大牛已经将耕牛交付给李二强，故风险已经转移，应由李二强承担。

8 产品质量不合格，买家拒绝接受，产品毁损、灭失的风险由谁承担？

李二强与李大翠签订绿豆买卖合同，李二强向李大翠购买绿豆用于制作绿豆糕，约定由李大翠送货上门。9月1日上午，李大翠如约送货上门，李二强检查绿豆，发现绿豆已经发霉，无法制作绿豆糕，故拒绝接受绿豆，李大翠不同意，径自将绿豆卸在李二强家门口便离开。9月1日晚，李二强家发生火灾，绿豆付之一炬。那么，在上述情形中，风险由谁负担？

法条指引 《中华人民共和国民法典》第六百一十条　因标的物不符合质量要求，致使不能实现合同目的的，买受人可以拒绝接受标的物或者解除合同。买受人拒绝接受标的物或者解除合同的，标的物毁损、灭失的风险由出卖人承担。

问题解答 李大翠交付的绿豆质量不符合约定，且构成根本违约，李二强有权拒绝受领。因李二强拒绝受领，绿豆未交付，因此风险未转移，风险由李大翠负担，李二强无须支付绿豆价款。在买卖合同中，如果出卖人交付的标的物不符合质量要求，致使不能实现合同目的，构成根本违约的，买受人可以拒绝接受标的物或者解除合同。此时，标的物毁损、灭失的风险由出卖人承担。在上述情形中，李大翠交付的绿豆已经发霉，不符合质量要求，构成根本违约，李二强拒绝接受，此时，李大翠并未完成交付，风险并未转移。所以，当晚火灾致使绿豆灭失的后果仍由出卖人李大翠承受。

9 分期付款买卖，买受人拖欠款项，出卖人怎么办？

李大牛与李二强签订汽车买卖合同，约定价款为5万元，分五期付清，每期为三个月，付完第一期价款后，交付汽车。李二强如约支付第一期价款，李大牛交付了汽车。三个月后，李二强拒绝支付第二期价款。那么，在上述情形中，李大牛应该如何维护自身权益？

法条指引 《中华人民共和国民法典》第六百三十四条 分期付款的买受人未支付到期价款的数额达到全部价款的五分之一，经催告后在合理期限内仍未支付到期价款的，出卖人可以请求买受人支付全部价款或者解除合同。

出卖人解除合同的，可以向买受人请求支付该标的物的使用费。

问题解答　二人签订的为分期付款买卖合同，李二强未支付到期价款的数额已经达到全部价款的五分之一，李大牛应先对李二强进行催告，如果在合理期限内仍未支付到期价款，李大牛可以请求李二强支付全部价款或者解除合同。解除合同后，可以向李二强请求支付该汽车的使用费。

10 民间借贷不签订书面借款合同可以吗？

李大牛和同村的李二强从小一起长大，情同手足。2022年李二强儿子突发疾病，急需一大笔医药费，李大牛慷慨解囊，借给李二强5万元现金。基于对朋友的信任和风险意识的淡薄，李大牛并未与对方签订书面借款合同。后李二强因外债较多，索性破罐子破摔，不再看重个人信誉，否认曾借过李大牛的钱，拒不返还借款。那么，在上述情形中，二人的借款事实是否受法律的保护？李大牛又该如何维护自己的权利呢？

法条指引　《中华人民共和国民法典》第六百六十八条　借款合同应当采用书面形式，但是自然人之间借款另有约定的除外。

《中华人民共和国民法典》第六百七十九条 自然人之间的借款合同，自贷款人提供借款时成立。

问题解答 借款事实受法律保护。民间借贷属于实践性合同，不以签订书面借款合同为成立要件，而是自提供借款时自动成立。但是，没有签订书面借款合同对出借人来说风险较大，主张债权只能从形成的间接证据链入手，一般比较困难。在上述情况中，李大牛将5万元现金交给李二强时，二人借款合同成立生效。李二强拒不还钱时，李大牛要主张权利，需要搜集相关证据，如借过钱的证据，主张过债权的证据等。但是，此类民事诉讼证明标准要求达到高度可能性，李大牛很有可能会因为证据不足而败诉。这也提醒我们，在借款时，一定要增强自我保护意识，即使关系再好，也要打借条。

11 只有借条复印件，没有原件，法院会支持出借人的还款请求吗？

李二强为给儿子治病，向同村李大壮借款5万元，二人签有借款合同。李大壮为防止借条丢失，复印了一份留存。某天下午，李大壮上小学的女儿写作业时误把借条原件当成了废纸，在其上写了字之后丢到了垃圾桶。借款期限届满后，李大壮发现借条原件已经丢失，拿不出原件要求李二强还钱，李二强见此情况拒不还款，李大壮起诉到法院。那么，在上述情形中，李大壮仅有借条复印件，法院会支持其还款请求吗？

法条指引 《最高人民法院关于适用〈中华人民共和国民事诉讼法〉的解释》第九十条　当事人对自己提出的诉讼请求所依据的事实或者反驳对方诉讼请求所依据的事实，应当提供证据加以证明，但法律另有规定的除外。

在作出判决前，当事人未能提供证据或者证据不足以证明其事实主张的，由负有举证证明责任的当事人承担不利的后果。

《最高人民法院关于民事诉讼证据的若干规定》第九十条　下列证据不能单独作为认定案件事实的根据：

…………

（五）无法与原件、原物核对的复制件、复制品。

问题解答 如果李大壮仅凭借条复印件，没有其他证据加以佐证借款事实，法院不会支持其还款请求。首先，根据证明责任分配规则，李大壮负有证明借款事实存在的证明责任，如果不能达到证明标准，就要承担败诉的结果；其次，民事诉讼法明确规定无法与原件、原物核对的复制件、复制品不能单独作为定案依据，属于需要补强的证据。所以，在上述情形中，李大壮需要收集证人证言等其他可以证明借款事实存在的证据，以对借条复印件证明力加以补强，否则仅凭借条复印件，法院基本上不会支持其还款请求。这也提醒我们在借款给他人时，一定要注意妥善保存借条原件，避免日后引起不必要的争议。

12 借款合同中没有约定还款日期，借款期限怎么确定？

李大牛和同村的李二强从小一起长大，情同手足。李二强想承包村里的一片果园，但是奈何手中资金不多，故向李大牛借款。二人签订书面借款合同，但并未约定还款期限。合同签订后，李二强担心自己还未赚回本金，李大牛就主张还款，一直惴惴不安。那么，在上述情形中，究竟该如何确定还款期限呢？

法条指引 《中华人民共和国民法典》第五百一十条 合同生效后，当事人就质量、价款或者报酬、履行地点等内容没有约定或者约定不明确的，可以协议补充；不能达成补充协议的，按照合同相关条款或者交易习惯确定。

《中华人民共和国民法典》第六百七十五条　借款人应当按照约定的期限返还借款。对借款期限没有约定或者约定不明确，依据本法第五百一十条的规定仍不能确定的，借款人可以随时返还；贷款人可以催告借款人在合理期限内返还。

问题解答

李二强可以和李大牛协议补充借款期限，如果达不成协议的，按照合同相关条款或者交易习惯也无法确定的，李二强可以随时返还，李大牛也可以催告李二强在合理期限内返还。借款合同一般要约定借款期限，以防日后发生争议无法确定。但是，生活中很多人会忘记约定，或者只是模糊地表明“咱俩谁跟谁，你就尽管用，不着急还”。其实，上述情形中，二人未在合同中明确约定借款期限，李二强的担心是有必要的。遇到这种情况，要及时找对方协议补充借款期限，如果达不成补充协议，李二强要面临李大牛有权随时向其主张债权的情况，当然，李大牛此时要给李二强合理期限筹措资金。

13 借款时约定无利息，对方过期不还，出借人可以主张逾期利息吗？

李二强向李大牛借款，约定借款期限为两年，无利息。两年期满，李大牛向李二强主张还款，李二强则表示自己资金都在流通周转中，请求李大牛再宽限一些日子，李大牛不同意，李二强则没有理会，此后一年也仍未还款。李大牛产生了一个疑虑，虽然二人此前约定无利息，但针对李二强这种言而无信的行为，自己现在要求其偿还本金可以一并主张逾期利息吗？

法条指引 《中华人民共和国民法典》第六百七十六条 借款人未按照约定的期限返还借款的，应当按照约定或者国家有关规定支付逾期利息。

《最高人民法院关于审理民间借贷案件适用法律若干问题的规定》第二十八条 借贷双方对逾期利率有约定的，从其约定，但是以不超过合同成立时一年期贷款市场报价利率四倍为限。

未约定逾期利率或者约定不明的，人民法院可以区分不同情况处理：

（一）既未约定借期内利率，也未约定逾期利率，出借人主张借款人自逾期还款之日起参照当时一年期贷款市场报价利率标准计算的利息承担逾期还款违约责任的，人民法院应予支持；

（二）约定了借期内利率但是未约定逾期利率，出借人主张借款人自逾期还款之日起按照借期内利率支付资金占用期间利息的，人民法院应予支持。

问题解答 李大牛可以主张逾期利息，即向李二强主张逾期还款违约责任。李大牛和李二强虽然未就借款约定利息，但这只表明借款期限内不计算利息，而逾期利息本质上是在对逾期还款的违约行为承担责任，所以李大牛可以向李二强主张逾期利息，起算点是李二强逾期还款之日。

14 出借人可以从借款本金中提前扣除利息吗？

李大牛和李二强的借款纠纷在李二强支付逾期利息后解决，但是李二强的信誉在村中一落千丈。后来，在李二强又想扩大果园经营规模时，无人愿意借款给他，李二强只好去银行贷款15万元，期限两年。李二强和儿子去银行提款时，银行从本金中提前扣除了两年的利息。李二强学法律的儿子对此提出异议，银行表示这样做是为了确保可以收回利息。那么，在上述情形中，银行的说法是否正确？出借人可以提前从本金中扣除利息吗？

法条指引 《中华人民共和国民法典》第六百七十条 借款的利息不得预先在本金中扣除。利息预先在本金中扣除的，应当按照实际借款数额返还借款并计算利息。

问题解答 银行的行为是违法的，借款的利息不能预先从本金中扣除，这样操作的法律后果是按照实际借款数额认定借款本金数额。预先从借款本金中扣除利息，虽然可以降低出借人借款的风险，但是大大损害了借款人的利益。借款人实际得到的借款数额少于合同约定数额，影响其资金的正常使用，影响借款目的的实现。法律出于公平原则考虑，明确禁止了从本金中提前扣除利息的行为。在上述情形中，银行预先从本金中扣除利息的行为无效，李二强只需要对实际到手的借款数额承担还本付息的义务。

15 民间借贷，借款利率有上限吗？

李二强再次决定扩大果园经营规模，决定向哥哥李大强借款20万元。李大强认为弟弟的果树种植利润颇丰，同意借款，但是要求利息高一些，李二强也表示同意。于是，2021年9月，二人签订借款合同，约定借款20万元，借期五年，借款利率为年20%，利息按年支付。那么，在上述情形中，二人约定的利率是否合法？法律对民间借贷的借款利率有上限规定吗？

法条指引 《中华人民共和国民法典》第六百八十条 禁止高利放贷，借款的利率不得违反国家有关规定。

…………

《最高人民法院关于审理民间借贷案件适用法律若干问题的规定》第二十五条 出借人请求借款人按照合同约定利率支付利息的，人民法院应予支持，但是双方约定的利率超过合同成立时一年期贷款市场报价利率四倍的除外。

前款所称“一年期贷款市场报价利率”，是指中国人民银行授权全国银行间同业拆借中心自2019年8月20日起每月发布的一年期贷款市场报价利率。

问题解答 李大强和李二强约定的借款利率超过法律保护的上限，合同成立时，即2020年的一年期贷款市场报价利率的四倍是15.4%，而二人约定的是20%，超过部分不受法律保护。法律明确规定民间借贷利率上限，是为了防止放贷者为获得自身最大利益不断提高民间借贷利率，进而妨碍资金在金融市场内的优化配置和民间借贷市场的长远发展。这也提醒我们在借钱给他人时，约定的借款利率不能超过法律规定的上限。

16 民间借贷可以约定借款复利吗？

2020年9月1日，李大牛想在村里开一家便利店，向李二强借款15万元，月利率为1%，借期为一年。至2021年9月1日，因经营不善，李大牛无力按约定时间偿还本金和利息，双方经协商，续借本金一年。此时，二人签订新的借款合同，借款本金为16.8万元（即上一年的本金加利息），月利率仍为1%，借款期限一年。那么，在上述情形中，二人的约定是否合法？法律对于民间借贷的借款复利又是怎么规定的呢？

法条指引 《中华人民共和国民法典》第六百七十八条 借款人可以在还款期限届满前向贷款人申请展期；贷款人同意的，可以展期。

《最高人民法院关于审理民间借贷案件适用法律若干问题的规定》第二十七条 借贷双方对前期借款本息结算后将

利息计入后期借款本金并重新出具债权凭证，如果前期利率没有超过合同成立时一年期贷款市场报价利率四倍，重新出具的债权凭证载明的金额可认定为后期借款本金。超过部分的利息，不应认定为后期借款本金。

按前款计算，借款人在借款期间届满后应当支付的本息之和，超过以最初借款本金与以最初借款本金为基数、以合同成立时一年期贷款市场报价利率四倍计算的整个借款期间的利息之和的，人民法院不予支持。

问题解答 二人的约定合法有效。法律对复利有严格限制，防止出现利滚利导致的高利贷，损害借款人权益，影响民间借贷市场长远发展。首先，要求先对前期本息结算后重新出具债权凭证，相当于给了贷款人选择还息还是将利息计入下期本金的机会；其次，前期利率超过合同成立时一年期贷款市场报价利率四倍的部分利息不能成为后期借款本金；再次，按照收取的利息和实际出借的本金计算，利率应在银行同类贷款利率四倍范围内。在上述情形中，李大牛重新出具了债权凭证，前期利率也未超过合同成立时一年期贷款市场报价利率四倍，至2022年9月1日，结合收取的利息和实际出借的本金计算，利率也在银行同类贷款利率四倍范围内，所以，二人的约定合法有效。

17 民间借贷过了诉讼时效，该怎样办？

李小强因在外地居住，平时和家里联络较少。他曾在2016年借款2万元给弟弟李小平用于修建房屋，约定借款期限为二年，并且写有借条。后来，李小强忘记了此事，从未向李小平催要过借款。在2022新年大扫除时，李小强从柜子中看到了这张借条，才想起此事。那么，在这种情形下，李小强还能要回2万元借款吗？

法条指引 《中华人民共和国民法典》第一百八十八条　向人民法院请求保护民事权利的诉讼时效期间为三年。法律另有规定的，依照其规定。

诉讼时效期间自权利人知道或者应当知道权利受到损害以及义务人之日起计算。法律另有规定的，依照其规定。但是，自权利受到损害之日起超过二十年的，人民法院不予保护，有特殊情况的，人民法院可以根据权利人的申请决定延长。

《中华人民共和国民法典》第一百九十二条　诉讼时效期间届满的，义务人可以提出不履行义务的抗辩。

诉讼时效期间届满后，义务人同意履行的，不得以诉讼时效期间届满为由抗辩；义务人已经自愿履行的，不得请求返还。

《中华人民共和国民法典》第一百九十三条　人民法院不得主动适用诉讼时效的规定。

问题解答　李小强的借款在2021年诉讼时效期间届满，2022年李小强主张还款，李小平可以提出时效抗辩，不履行归还借款的义务。如果李小平同意还款，不能再次主张时效抗辩。为使得法律秩序及时归于稳定，法律规定了诉讼时效，在诉讼时效期间届满后，借款沦为自然债务，不再受法律强制力的保护。但是，义务人已经自愿履行的，不能主张返还；义务人同意履行，诉讼时效中断，不得以诉讼时效期间届满为由抗辩。这提醒我们在借款给他人时，借款期限届满后，要及时向对方催要，避免借款沦为自然之债。

18 夫妻一方借的债务，另一方有还款义务吗？

李小强和周小柔是夫妻。一日，周小柔独自在家，李小强的朋友胡小明找上门来要求还钱。原来，李小强近期迷上观看游戏直播，为给主播打赏，向胡小明借款5万元，而周小柔对此毫不知情。那么，在上述情形中，周小柔负有还款义务吗？这笔借款究竟该由谁偿还？

法条指引 《中华人民共和国民法典》第一千零六十四条 夫妻双方共同签名或者夫妻一方事后追认等共同意思表示所负的债务，以及夫妻一方在婚姻关系存续期间以个人名义为家庭日常生活需要所负的债务，属于夫妻共同债务。

夫妻一方在婚姻关系存续期间以个人名义超出家庭日常生活需要所负的债务，不属于夫妻共同债务；但是，债权人能够证明该债务用于夫妻共同生活、共同生产经营或者基于夫妻双方共同意思表示的除外。

问题解答 李小强对胡小明的债务属于其个人债务，不属于夫妻共同债务，周小柔不负有还款义务，李小强应承担还款义务。夫妻共同债务的认定有明确的法律标准，并非婚姻关系存续期间的所有债务都属于夫妻共同债务。这也提醒我们，借款给某个家庭时，为了降低风险，一定记得要让夫妻共同签名或者及时取得另一方的追认，如此可免除借款无法认定为夫妻共同债务的风险。

19 赠与合同是否可以撤销?

农民胡大有育有一子，儿子胡洋在县城打工。2016年5月政府因为征地，在县城给胡大有补偿了一套房屋。胡大有考虑儿子在县城打工便决定将该房屋赠与儿子胡洋，签订了赠与协议并进行了公证。协议约定胡大有将房屋赠与胡洋，待胡大有年老时，胡洋必须履行赡养胡大有的义务。几年后，胡大有因病瘫痪在床，此时胡洋生活富足却以自己生活困难无力照顾老人为由拒绝赡养老人。胡大有深感儿子无情，希望将几年前赠与胡洋的房屋收回，那么，该请求能否得到支持?

法条指引 《中华人民共和国民法典》第六百六十三条 受赠人有下列情形之一的，赠与人可以撤销赠与：

(一)严重侵害赠与人或者赠与人近亲属的合法权益；

(二)对赠与人有扶养义务而不履行；

(三)不履行赠与合同约定的义务。

赠与人的撤销权，自知道或者应当知道撤销事由之日起一年内行使。

问题解答 《中华人民共和国民法典》明确规定了赠与的法定撤销权。法定撤销权指，由于赠与是一种单方、无偿行为，赠与合同订立后，受赠人可能产生《中华人民共和国民法典》第六百六十三条规定的三种情形，因此允许赠与人行使法定撤销权，收回财产。本案中，胡大有与胡洋签订的赠与协议属于附义务的赠与，胡洋的行为违反了合同约定的义务，并且其有能力进行赡养而拒绝赡养。虽然赠与协议已经进行了公证且房屋已经办理了过户登记，但胡大有仍可以在知道撤销事由之日起一年内撤销赠与合同。

20 赠与的财产造成受赠人受伤的，怎么办？

同是大李村村民的李大牛和李二狗关系不错，李二狗曾上过学，经常来辅导李大牛家孩子的作业。李大牛在外打工赚了不少钱，换了辆新汽车，于是决定将旧汽车赠与李二狗以表感谢，并希望李二狗收到汽车后能增加给孩子辅导作业的频次。此外，李大牛还将旧汽车的全部使用状况如实告知李二狗，李二狗了解所有情况后接受了该汽车。半个月后，李二狗开车外出时，突然刹车失灵，撞成重伤，花费医疗费2.3万元。李二狗能否要求李大牛赔偿损失？

法条指引 《中华人民共和国民法典》第六百六十二条 赠与的财产有瑕疵的，赠与人不承担责任。附义务的赠与，赠与的财产有瑕疵的，赠与人在附义务的限度内承担与出卖人相同的责任。

赠与人故意不告知瑕疵或者保证无瑕疵，造成受赠人损失的，应当承担赔偿责任。

问题解答 赠与合同中受赠人是无偿获益，一般情况下，赠与人对所赠财产不承担瑕疵担保责任，但在附义务的赠与中，由于受赠人在接受赠与财产之外还履行了合同所附义务，并非完全无偿接受赠与，这种赠与类似于买卖合同。故赠与财产有瑕疵，必然导致受赠人利益有所减损的，应当由赠与人承担瑕疵担保责任。本案中，李大牛和李二狗之间形成的是附义务的赠与关系，李二狗并非完全无偿接受赠与。因此，对于李二狗所受损害，由李大牛在李二狗所附义务范围内承担损害赔偿责任。

21 赠与人经济状况恶化，可以撤销赠与吗？

农民王铁蛋的小店生意不错，挣了不少钱，买了两套房屋，一套自己居住，一套赠与自己的儿子。不料半年后，王铁蛋经营不善，小店亏损严重，于是变卖了自己所住的房屋进行还债。由于经济状况恶化，严重影响其生活，王铁蛋想收回自己赠与儿子的房产以满足日常基本生活所需，儿子不同意，二人争执不下。那么，王铁蛋可以收回已经赠与儿子的房屋吗？

法条指引 《中华人民共和国民法典》第六百六十六条 赠与人的经济状况显著恶化，严重影响其生产经营或者家庭生活的，可以不再履行赠与义务。

问题解答 由于赠与行为是无偿行为，故赠与人除了享有任意撤销权和法定撤销权保护自己之外，法律还规定了赠与人在符合法律规定的情形时，享有拒绝履行赠与义务的权利，从而更好地保护赠与人的合法权益。本案中，王铁蛋由于小店亏损严重，经济状况恶化，严重影响到正常生活，因此有权拒绝履行赠与义务，可以收回已经赠与儿子的房屋。

22 用人单位与进城务工人员未订立书面劳动合同，该怎么办？

2021年7月1日，进城务工人员王小虎应聘到制鞋厂工作，约定工资为一个月2300元，但是没有签订书面劳动合同。同年10月，包括王小虎在内的多名进城务工人员多次要求制鞋厂与其签订书面劳动合同，制鞋厂一直拒绝，直至2022年10月仍没能签订书面劳动合同。王小虎应当如何救济自己的权利？

法条指引 《中华人民共和国劳动合同法》第十条　建立劳动关系，应当订立书面劳动合同。

已建立劳动关系，未同时订立书面劳动合同的，应当自用工之日起一个月内订立书面劳动合同。

《中华人民共和国劳动合同法》第十四条　用人单位自用工之日起满一年不与劳动者订立书面劳动合同的，视为用人单位与劳动者已订立无固定期限劳动合同。

《中华人民共和国劳动合同法》第八十二条　用人单位自用工之日起超过一个月不满一年未与劳动者订立书面劳动合同的，应当向劳动者每月支付二倍的工资。

用人单位违反本法规定不与劳动者订立无固定期限劳动合同的，自应当订立无固定期限劳动合同之日起向劳动者每月支付二倍的工资。

问题解答 《中华人民共和国劳动合同法》规定用人单位和劳动者之间必须签订劳动合同。在本案中，王小虎等进城务工人员要求制鞋厂与其签订劳动合同，制鞋厂无正当理由却拒绝签订。由于制鞋厂超过一年还未能与王小虎等订立书面劳动合同，应当承担以下后果：一是支付劳动者就录用之日起超过一个月不满一年时间内的二倍工资，即制鞋厂支付王小虎自2021年8月1日至2022年7月31日十一个月的二倍工资；二是自用工起超过一年仍未能订立书面劳动合同的，视为用人单位已经与劳动者订立无固定期限劳动合同，即制鞋厂应当与王小虎订立无固定期限劳动合同。

23 订立劳动合同时，用人单位是否可以扣留进城务工人员的居民身份证？

进城务工人员李大牛于2017年与某制衣厂签订劳动合同，合同期限为2017年3月14日至2022年3月13日，制衣厂以需要办理相关入职手续为由将李大牛的居民身份证暂时保管，后一直没有归还。制衣厂的行为正确吗？

法条指引 《中华人民共和国劳动合同法》第九条 【用人单位不得扣押劳动者证件和要求提供担保】用人单位招用劳动者，不得扣押劳动者的居民身份证和其他证件，不得要求劳动者提供担保或者以其他名义向劳动者收取财物。

《中华人民共和国劳动合同法》第八十四条 【扣押劳动者身份等证件的法律责任】用人单位违反本法规定，扣押劳动者居民身份证等证件的，由劳动行政部门责令限期退还劳动者本人，并依照有关法律规定给予处罚。

问题解答 用人单位和劳动者建立劳动关系时应当遵守法律的规定，根据《中华人民共和国劳动合同法》的相关规定，用人单位不得在订立劳动合同的过程中以任何理由扣押进城务工人员的居民身份证或者其他证件。本案中，制衣厂以办理相关入职手续为由扣押李大牛的身份证件的行为是被禁止的。依据法律的规定，用人单位扣押进城务工人员的居民身份证件的，由劳动行政部门责令限期退还劳动者本人，并依照有关法律规定给予处罚。

24 用人单位在与进城务工人员订立劳动合同时能否向进城务工人员收取“违约金”？

2021年10月11日，进城务工人员万小菊与某药房订立了为期一年的劳动合同，并在劳动合同中约定若一方违约，应当向另一方支付违约金1000元。该药房在签订劳动合同的同时，收取了万小菊“违约金”1000元，2022年万小菊以该药房工资低且未办理社会保险为由辞职，并请求退还之前收取的1000元，但该药房以万小菊提前辞职属于违法行为拒不退还。万小菊该怎么办？

法条指引 《中华人民共和国劳动合同法》第九条 【用人单位不得扣押劳动者证件和要求提供担保】用人单位招用劳动者，不得扣押劳动者的居民身份证和其他证件，不得要求劳动者提供担保或者以其他名义向劳动者收取财物。

《中华人民共和国劳动合同法》第八十四条第二款 用人单位违反本法规定，以担保或者其他名义向劳动者收取财物的，由劳动行政部门责令限期退还劳动者本人，并以每人五百元以上二千元以下的标准处以罚款；给劳动者造成损害的，应当承担赔偿责任。

《劳动保障监察条例》第九条第二款 劳动者认为用人单位侵犯其劳动保障合法权益的，有权向劳动保障行政部门投诉。

问题解答 《中华人民共和国劳动合同法》明确规定用人单位招用劳动者,不得要求劳动者提供担保或者以其他名义向劳动者收取财物。在本案中,药房收取万小菊1000元的行为就是非法收取钱财的行为。同时,万小菊提前辞职并不违法,故该药店应当将收取的1000元予以退还。万小菊可以通过诉讼或者仲裁的方式维护自己的权益,还可以依据《劳动保障监察条例》的规定,向社保局进行投诉,要求社保局维护其合法权益。

25 试用期工资低于最低工资标准,怎么办?

2021年5月,进城务工人员箫大福在某商场从事销售工作。双方订立了为期五年的劳动合同。合同约定:试用期两个月,试用期内工资800元。箫大福在该商场工作一个月后才得知,该市该辖区最低工资为1000元。箫大福该如何维护自己的权益?

法条指引 《中华人民共和国劳动合同法》第二十条 【试用期工资】劳动者在试用期的工资不得低于本单位相同岗位

最低档工资或者劳动合同约定工资的百分之八十，并不得低于用人单位所在地的最低工资标准。

《中华人民共和国劳动合同法》第八十五条 【未依法支付劳动报酬、经济补偿等的法律责任】用人单位有下列情形之一的，由劳动行政部门责令限期支付劳动报酬、加班费或者经济补偿；劳动报酬低于当地最低工资标准的，应当支付其差额部分；逾期不支付的，责令用人单位按应付金额百分之五十以上百分之一百以下的标准向劳动者加付赔偿金：

…………

（二）低于当地最低工资标准支付劳动者工资的；

…………

问题解答 最低工资标准，是指劳动者在法定工作时间或依法签订的劳动合同约定的工作时间内提供正常工作的前提下，用人单位依法应支付的最低劳动报酬。《中华人民共和国劳动合同法》第二十条明确规定了劳动者在试用期的工资不得低于用人单位所在地的最低工资标准。低于最低工资标准的，用人单位应当支付其差额部分，逾期不支付的，责令用人单位按照应付金额50%以上100%以下的标准向劳动者加付赔偿金。在本案例中，商场支付的报酬低于当地最低工资标准，因此，该商场应当支付差额部分，若逾期支付，箫大福可以主张该商场加付赔偿金。

26 用人单位不按照规定支付患病进城务工人员住院期间工资，怎么办？

进城务工人员张小强2016年1月3日入职某运输公司工作，该运输公司通过银行向张小强发放工资。张小强于2022年1月至2022年3月因病入院治疗，病假期间该运输公司未发放病假工资。对于运输公司未支付的工资张小强该怎么办？

法条指引 《关于贯彻〈中华人民共和国劳动法〉若干问题的意见》第五十九条　职工患病或非因工负伤治疗期间，在规定的医疗期间内由企业按有关规定支付其病假工资或疾病救济费，病假工资或疾病救济费可以低于当地最低工资标准支付，但不能低于最低工资标准的80%。

问题解答 根据《企业职工患病或非因工负伤医疗期规定》的规定，医疗期是指企业职工因患病或非因工负伤停止工作治病休息，不得解除劳动合同的时限。根据职工工作年限和在本单位工作年限确定医疗期，一般为三个月到二十四个月。本案中，张小强已经在该运输公司工作满六年，可以享受六个月的医疗期。张小强于2022年1月至2022年3月在医院接受治疗的时间符合法定的医疗期的规定。因此，运输公司应当支付张小强在此住院期间的工资。

27 用人单位拖欠进城务工人员工资，该怎么办？

进城务工人员王小宁到某电机厂工作，签订了三年的劳动合同，约定工资为每月2000元。该电机厂在第一年每月按时发放工资，到了第二年，已三个月没有发放工资，其理由是资金周转困难。王小宁与该电机厂协商，希望电机厂将所欠工资发给自己，但电机厂迟迟未能发放拖欠的工资。王小宁该怎么办？

法条指引 《中华人民共和国劳动法》第九十一条 用人单位有下列侵害劳动者合法权益情形之一的，由劳动行政部门责令支付劳动者的工资报酬、经济补偿，并可以责令支付赔偿金：

（一）克扣或者无故拖欠劳动者工资的；

…………

《中华人民共和国劳动合同法》第三十八条 【劳动者单方解除劳动合同】用人单位有下列情形之一的，劳动者可以解除劳动合同：

…………

（二）未及时足额支付劳动报酬的；

…………

问题解答

《中华人民共和国劳动法》和《中华人民共和国劳动合同法》都明确规定了用人单位应当按照国家的规定和劳动合同的规定，向劳动者足额支付工资，不得无故克扣和拖欠劳动者的工资。本案中，电机厂应当足额支付进城务工人员王小宁的工资，不得以资金周转困难为由拖欠。王小宁可以提起劳动仲裁向电机厂请求支付拖欠的工资费用和经济补偿费用。电机厂若未能及时足额支付王小宁工资，王小宁还可以解除劳动合同，电机厂应向王小宁支付解除劳动合同补偿金。

28 用人单位强令劳动者冒险作业，该怎么办？

进城务工人员冯老二在一家建筑公司从事外立面装修工作，与建筑公司签订了以完成工作任务为期限的劳动合同。在工地仅剩八天工期的时候，恰逢台风，当地政府部门发布了红色警报，禁止一切户外施工。冯老二所在的建筑公司为了赶工期，要求现场工作人员顶着台风作业，冯老二担心台风会威胁生命，拒绝作业，但建筑公司强行要求立即恢复施工。冯老二该怎么办？

法条指引 《中华人民共和国劳动法》第五十六条 劳动者在劳动过程中必须严格遵守安全操作规程。

劳动者对用人单位管理人员违章指挥、强令冒险作业，有权拒绝执行；对危害生命安全和身体健康的行为，有权提出批评、检举和控告。

《中华人民共和国劳动合同法》第三十二条第一款 【劳动者拒绝违章指挥、强令冒险作业】劳动者拒绝用人单位管理人员违章指挥、强令冒险作业的，不视为违反劳动合同。

问题解答 《中华人民共和国劳动法》中明确规定，劳动者享有安全卫生权。根据该权利，劳动者享有拒绝用人单位管理人员提出的违章作业、强令冒险作业的要求，并可在劳动过程中遇到严重危及生命安全时采取紧急避险行为。《中华人民共和国劳动合同法》中也明确规定，劳动者拒绝危险作业和紧急避险的行为是正当的，不属于违反劳动合同。本案中，冯老二被要求在台风红色警报的天气下从事外立面装修工作，属于强令冒险作业，是法律所禁止的。因此，冯老二有权拒绝从事相关作业，并且不需要承担任何责任。

29 进城务工人员在上下班途中发生交通事故，该怎么办？

2021年7月3日早上，进城务工人员包铁树驾驶摩托车从其所住村子到县城上班。当包铁树行至其工作单位某食品加工厂门口时，突然被一辆轿车撞倒，轿车司机逃逸。包铁树被门口保安送往医院进行治疗。经交警部门认定该轿车承担全责，包铁树不负责任。包铁树住院期间花去一大笔医疗费用，但食品加工厂以包铁树的损害与工厂无关，工厂无责任为由，拒绝支付任何费用。包铁树该怎么办？

法条指引 《工伤保险条例》第十四条　职工有下列情形之一的，应当认定为工伤：

…………

（六）在上下班途中，受到非本人主要责任的交通事故或者城市轨道交通、客运轮渡、火车事故伤害的；

…………

《工伤保险条例》第六十二条第二款　依照本条例规定应当参加工伤保险而未参加工伤保险的用人单位职工发生工伤的，由该用人单位按照本条例规定的工伤保险待遇项目和标准支付费用。

问题解答 根据《工伤保险条例》的规定，企业职工在上下班途中遭遇交通事故的，应当认定为工伤。本案中，包铁树在上班途中被一辆轿车撞伤，应当认定为工伤。因此，包铁树可以享受工伤保险待遇。若食品加工厂为包铁树购买了工伤保险，则相应的工伤保险待遇由保险经办机构支付。若食品加工厂未为包铁树购买工伤保险，则应当由食品加工厂按照工伤保险条例项目和标准支付费用。

30 劳务派遣员工的工资应当由谁发放？

进城务工人员钱小娥由甲劳务派遣公司派遣至乙公司从事一线操作工作。钱小娥工资由两部分构成，一部分是钱小娥与甲劳务派遣公司约定的基本工资，为每月2500元；另一部分是根据乙公司的规章制度，从事一线操作，根据产品完成量，每月发放相应的奖金。2022年6月底，钱小娥向甲劳务派遣公司和乙公司同时提出辞职，甲劳务派遣公司与乙公司均同意钱小娥辞职，但是一直未发放钱小娥6月的工资及奖金。钱小娥应当向谁请求支付工资和奖金呢？

法条指引 《中华人民共和国劳动合同法》第三十条 【劳动报酬】用人单位应当按照劳动合同约定和国家规定，向劳动者及时足额支付劳动报酬。

用人单位拖欠或者未足额支付劳动报酬的，劳动者可以依法向当地人民法院申请支付令，人民法院应当依法发出支付令。

《中华人民共和国劳动合同法》第六十二条 【用工单位的义务】用工单位应当履行下列义务：

…………

（三）支付加班费、绩效奖金，提供与工作岗位相关的福利待遇；

…………

问题解答 劳务派遣单位与派遣员工之间构成劳动关系，派遣单位为用人单位，有支付劳动报酬的法定义务。用工单位与派遣员工之间的关系并非劳动关系，派遣员工被派送到用工单位，受用工单位管理，用工单位向其发放加班费、福利、奖金等。一般情况下，对于派遣员工的工资、奖金等的发放按照派遣协议的约定，由派遣公司和用工单位按照协议履行。本案中，钱小娥作为派遣员工，其工资应当由甲劳务派遣公司进行支付，但其加班费、奖金应当按照派遣协议中的约定由用工单位乙公司支付。

31 用人单位是否可与进城务工人员约定“工伤概不负责”的协议条款？

2021年8月，进城务工人员韩富贵与某建筑公司签订了劳动合同，合同中规定，如果韩富贵在工作期间出现人身伤亡，建筑公司概不负责，且约定公司每月仅支付150元补贴，由韩富贵自己解决劳动防护用品配备问题。上班不到一个月，韩富贵在工作时不小心从5米多高的脚手架上摔了下来，经鉴定构成四级伤残。韩富贵及家人要求建筑公司承担医疗费、误工费、伤残赔偿金等经济损失。那么建筑公司的免责条款是否有效？

法条指引 《中华人民共和国劳动合同法》第二十六条 下列劳动合同无效或者部分无效：

…………

（二）用人单位免除自己的法定责任、排除劳动者权利的；

…………

问题解答 劳动者享有的劳动保护的权利，受国家法律保护，任何单位和个人都不得侵犯。本案中，建筑公司与韩富贵达成的免责条款实质上是在推卸自己的责任，违反了国家法律规定，侵犯了韩富贵的合法权益，应当认定为无效。因此，韩富贵及其家人可以要求建筑公司承担医疗费、误工费、伤残赔偿金等经济损失。

32 用人单位不缴纳基本养老保险费，该怎么办？

2021年3月，农民庞大龙经人介绍到某酒吧打工，酒吧安排其做安保工作。双方签订了劳动合同，但酒吧未给庞大龙缴纳基本养老保险，并提出以支付工资的形式代替缴纳基本养老保险。同年5月，庞大龙了解到有关基本养老保险的规定，要求酒吧为其办理基本养老保险登记并缴纳基本医疗保险费。庞大龙的主张能得到支持吗？

法条指引 《中华人民共和国社会保险法》第十条第一款　职工应当参加基本养老保险，由用人单位和职工共同缴纳基本养老保险费。

《中华人民共和国社会保险法》第六十条第一款　用人单位应当自行申报、按时足额缴纳社会保险费，非因不可抗力等法定事由不得缓缴、减免。职工应当缴纳的社会保险费由用人单位代扣代缴，用人单位应当按月将缴纳社会保险费的明细情况告知本人。

问题解答 我国的基本社会保险包括基本养老保险、基本医疗保险、工伤保险、失业保险和生育保险。这些保险都属于强制性保险，即国家立法强制实行，保险的项目、收费标准、待遇水平等内容，一般不能由投保人和被保险人自主选择。在社会保险法律关系中，缴纳保险金的主体一般是用人单位和劳动者，由此可见，作为同是保险人的用人单位和劳动者，不得拒绝履行缴纳保险费用的义务。本案中，用人单位酒吧以支付工资的方式代替缴纳基本养老保险费，应当承担相应的法律责任。

第三篇

农民婚姻家庭权益保护

1 农村"婚俗改革"主要包含哪些内容?

在接亲途中,婚闹的朋友将新郎武旺福上身衣服扒下,撕烂其西裤,嬉笑着向他身上喷油漆。为洗掉油漆,武旺福托人去加油站,盛了一烧水壶汽油清洗,结果在清洗过程中着火,将新郎全身烧伤,大面积皮肤受损。后新郎将参与婚闹的朋友全部告上法庭,法院最后判决婚闹者承担相应的责任。

法条指引 《中华人民共和国民法典》第八条 民事主体从事民事活动,不得违反法律,不得违背公序良俗。

《中华人民共和国民法典》第一千零四十三条第一款 家庭应当树立优良家风,弘扬家庭美德,重视家庭文明建设。

问题解答 习俗也有良恶之分,其演变存废必须跟上文明的脚步。农村婚俗改革主要包含:依法办理婚姻登记,坚持婚事新办,废除陈规陋习,不讲排场,不讲阔气;仪式从简,一天办完,严格控制参加宴席的人员和标准;积极推行集体婚礼、旅游结婚等新型婚礼模式;摒弃滥发请柬、大摆宴席、天价彩礼、高额礼金等陋习;严禁在公共场所乱贴红纸、过度"闹婚"、大量燃放烟花鞭炮等不文明行为。人们真心期待能够移除陋俗，期待结婚能成为新人新生活的起点，而不是烦恼和摩擦的开始。

2 什么是绿色殡葬？

施瓦村村民姜大爷于2022年2月18日因病在家中去世，遗体于第二天在县殡仪馆火化。起初，家属想按照当地的传统进行"土葬"，经县民政局干部向逝者家属宣传移风易俗殡葬改革有关政策后，家属决定简化殡葬程序，实行骨灰撒散安葬，将逝者骨灰以生态葬的方式就近就地"安葬"在县殡仪馆旁边的树林。

法条指引 《中华人民共和国民法典》第九条　民事主体从事民事活动，应当有利于节约资源、保护生态环境。

问题解答 "绿色殡葬"也称"生态殡葬"，有两层含义：一是指节俭办丧事，不掺杂封建迷信的仪式在里面；二是指葬式，是一种以树代碑，将骨灰直接葬入树下或草丛中的新型葬法。将亲人骨灰和着鲜花瓣与泥土葬于树根四周、草丛中的绿色安葬象征着生命长绿、精神永存，也符合人们“入土为安”的传统观念。实施绿色殡葬制度，可以有效减轻老百姓的经济负担，是一项移风易俗的有效举措，也有利于健康文明科学生活方式的培养建立，是有效保护我们生存环境的一种重要措施，能够更好保护我们的大好河山、青山绿水。

3 举行结婚仪式但未登记，后又分居的，可以要求返还彩礼吗？

2021年8月20日，李三土与卫方在未进行婚姻登记的情况下，按照施瓦村的习俗举行了结婚仪式后同居生活。2021年10月5日双方分居生活至今。为缔结婚约，当时李三土曾向卫方送去彩礼7.2万元。现李三土要求卫方返还，起诉至法院。

法条指引 《中华人民共和国民法典》第一千零四十二条第一款　禁止包办、买卖婚姻和其他干涉婚姻自由的行为。禁止借婚姻索取财物。

问题解答 举行了结婚仪式但未登记，之后二人交恶又分居的，可以要求返还彩礼。在农村，为给儿子娶妻成家，很多父母背上了沉重的经济负担。本案中，李三土与卫方在未进行婚姻登记的情况下同居生活，同居前卫方向李三土收取数额较大的彩礼，以上行为均违反我国法律的有关规定，且李三土与卫方同居生活时间较短，故李三土要求卫方返还彩礼的请求应当予以支持。

4 “天价”彩礼合法吗?

王富强与胡乐乐经人介绍相识，不久后确立恋爱关系。2021年举办订婚仪式，王富强支付8.8万元彩礼款给胡乐乐的母亲，但二人一直未登记结婚，后胡乐乐怀孕。为了胡乐乐能安心生产，王富强便提出与胡乐乐登记结婚。然而，胡乐乐的母亲提出，除非王富强再给自己18.8万元彩礼，不然不同意二人登记结婚。请问，胡乐乐母亲以结婚为由索取“天价”彩礼的行为合法吗?

法条指引 《中华人民共和国民法典》第一千零四十二条第一款 禁止包办、买卖婚姻和其他干涉婚姻自由的行为。禁止借婚姻索取财物。

问题解答 索要“天价”彩礼的行为不合法。男方下聘，女方纳彩是自古就有的习俗。是说男方要娶女方为妻时，需要给女方家彩礼，代表的是男方把女方当作珍宝诚心求娶的态度，同时也是男方对岳父岳母养育好女儿的答谢敬礼，而非女方嫁女的筹码。《中共中央 国务院关于做好2023年全面推进乡村振兴重点工作的意见》中也强调，要开展高价彩礼等移风易俗重点领域突出问题专项治理。本案中，在订婚仪式上王富强已支付彩礼款，后胡乐乐母亲又以结婚为由索取“天价彩礼”的行为违反婚姻伦理，违背公序良俗，应当认定为无效。

5 我国法律规定的结婚年龄是多少？

褚仪和韩为二人两小无猜、青梅竹马，便约定一旦成年便举行婚礼。2016年年初，两人满18周岁，便同家里商量结婚的事宜，并于2016年10月1日在农村举行了婚礼仪式，但未进行结婚登记。二人婚后生活幸福美满。但是褚仪一直觉得遗憾，自己未与韩为领证，二人的婚姻不能受到法律的保护，便于2021年10月咨询律师该怎么办？

法条指引 《中华人民共和国民法典》第一千零四十七条 结婚年龄，男不得早于二十二周岁，女不得早于二十周岁。

问题解答 褚仪和韩为可以共同向婚姻登记机关申请登记。本案中，褚仪和韩为举行婚礼时均未达到法定结婚年龄，故当时二人的婚姻无效。但是此种婚姻无效的情形是可以补正的，即随着时间的推移，二人达到法定婚龄的要求后，此时无效的婚姻便可转变为有效。故而，根据《中华人民共和国民法典》的规定，自婚姻有效之日起，可以补办登记。

6 可以和自己的表妹结婚吗？

杨木的母亲卫土花与蒋三的父亲郑富裕系同母异父的亲兄妹，杨木与蒋三系亲表兄妹。杨木与蒋三于2019年1月

7日办理结婚登记，双方登记结婚时隐瞒了近亲属关系。后因杨木出现婚外情，蒋三忍无可忍，将其起诉至法院，要求离婚。法院应当认定婚姻无效还是判决离婚？

法条指引 《中华人民共和国民法典》第一千零四十八条 直系血亲或者三代以内的旁系血亲禁止结婚。

《中华人民共和国民法典》第一千零五十一条 有下列情形之一的，婚姻无效：

…………

（二）有禁止结婚的亲属关系；

…………

问题解答 法院应当认定婚姻无效。禁止血亲结婚主要基于两个方面的考虑，一方面，从遗传学上来讲，血缘过近的亲属间结婚所生的子女遗传病发生率远远高于非近亲结婚所生的子女。近亲结婚容易将父母双方在生理上、精神上的疾病和缺陷遗传给子女后代。另一方面，从维护传统伦理道德和亲属秩序的角度出发，近亲结婚通常不为民间习俗和伦理秩序所接受。本案中，卫土花与郑富裕系亲兄妹，杨木与蒋三系三代以内的旁系血亲，其登记结婚违反了法律关于禁止结婚的规定，其婚姻关系应属无效。

7 一方隐瞒自己已婚的事实再次结婚，婚姻有效吗？

朱大强与秦叶子系夫妻，但因琐事不断争吵一直分居至今。2020年朱大强在旅游过程中遇到了尤小点，二人一见钟情，尤小点便要求结婚，但朱大强一直推脱。后在尤小点再三催促之下，朱大强无奈购买假户口本与尤小点登记结婚。婚后，尤小点发现朱大强对自己态度冷淡，心生疑惑的她遂前往公安机关进行查询，发现朱大强通过欺骗的手段和自己结婚。尤小点和朱大强的婚姻有效吗？

法条指引 《中华人民共和国民法典》第一千零五十一条 有下列情形之一的，婚姻无效：

（一）重婚；

…………

问题解答 朱大强和尤小点的婚姻无效。我国实行一夫一妻制，禁止一人同时拥有一名以上妻子或者丈夫。一夫一妻制是我国婚姻家庭制度的基本原则，重婚行为不仅严重违背公序良俗，更不利于婚姻家庭和谐与社会稳定，法律上必须对其进行否定性的评价。除否定重婚的婚姻效力外，我国刑法还将重婚定为刑事犯罪。本案中，朱大强隐瞒自己已婚的事实，再次结婚的行为构成了重婚，符合《中华人民共和国民法典》规定的重婚条件，应当认定无效。

8 被胁迫结婚的一方如何脱离婚姻的苦海？

许小言与何大系情侣，许小言因与何大性格不合多次提出分手均遭拒绝。何大对许小言采取多种人身自由控制措施，将许小言的手机、身份证等重要物件扣押，并多次口头威胁许小言的生命安全。迫于威胁，许小言遂与何大登记结婚。婚后，何大又多次以言语或暴力手段对许小言进行威胁，导致许小言无法正常生活。许小言向公安机关报案后诉至法院，请求撤销与何大之间的婚姻关系。

法条指引 《中华人民共和国民法典》第一千零五十二条第一款　因胁迫结婚的，受胁迫的一方可以向人民法院请求撤销婚姻。

问题解答 被胁迫结婚的一方可以请求法院撤销婚姻来达到脱离婚姻苦海的目的。在当事人因受胁迫而作出不真实的结婚意思表示之时，赋予被胁迫一方以撤销婚姻的权利，可以依法保护婚姻自由，彰显法治力量。本案中，许小言感到恐惧害怕而违背其真实意思与何大建立婚姻关系，可以认定许小言与何大的婚姻符合胁迫婚姻构成要件，依法应当予以撤销。

9 一方婚前隐瞒自身患有重大疾病，另一方可以申请撤销婚姻吗？

2020年，吕东认识了隔壁村的施西，交往几个月后登记结婚。婚后，丈夫吕东发现妻子施西患有严重的抑郁症，但施西未在婚前如实告知，吕东及家人无法接受，遂诉至法院请求撤销两人的婚姻。

法条指引 《中华人民共和国民法典》第一千零五十三条第一款 一方患有重大疾病的，应当在结婚登记前如实告知另一方；不如实告知的，另一方可以向人民法院请求撤销婚姻。

问题解答 一方婚前隐瞒自身患有重大疾病，另一方可以申请撤销婚姻。本案中，吕东、施西虽然在《中华人民共和国民法典》实施之前登记结婚，但双方的婚姻状态却一直持续至《中华人民共和国民法典》颁布实施之后。吕东主张撤销婚姻关系属于该法的规定，从保护无过错方的利益出发，按照有利溯及的原则，法院应当依据法律的相关规定作出撤销婚姻的判决。

10 妻子擅自流产的行为侵犯丈夫的生育权吗？

孕妇郑晓橙因与婆婆发生争吵，一气之下到医院进行了流产手术。丈夫吴大牛得知此事后，十分愤怒，认为郑晓橙的行为侵犯了自己的生育权，给自己造成了精神损害。现吴大牛向法院起诉请求依法判令郑晓橙剥夺其生育权，向其赔礼道歉，承认错误，并赔偿精神损失费2万元。

法条指引 《中华人民共和国民法典》第一千零五十五条　夫妻在婚姻家庭中地位平等。

《中华人民共和国妇女权益保障法》第三十二条　妇女依法享有生育子女的权利，也有不生育子女的自由。

问题解答 妻子擅自流产不侵犯丈夫的生育权。生育权是公民享有的一项基本权利，男女公民应当享有平等的生育权。郑晓橙享有的生育权是基于人身权的一种生命健康权，吴大牛所享有的生育权是身份权的一种配偶权。当两权利相冲突时，法律应当更加关注生命健康权，而非配偶权，故吴大牛提出被告剥夺原告生育权，向原告赔礼道歉，并赔偿精神损失的诉请，法院应当不予支持。

11 婚后丈夫不让妻子出去工作的行为合法吗？

孔六与张小左系夫妻，婚后张小左在家料理家务。时间一长，张小左对在家当全职太太产生厌倦情绪，遂与孔六商量出去工作，但孔六坚决反对。后张小左瞒着孔六找了一份工作，孔六知道后，到张小左的工作单位大闹并威胁单位辞退了张小左。张小左后又找了两份工作，均被孔六以同样方式破坏。请问，孔六的这种行为合法吗？

法条指引 《中华人民共和国民法典》第一千零五十七条 夫妻双方都有参加生产、工作、学习和社会活动的自由，一方不得对另一方加以限制或者干涉。

问题解答 婚后丈夫不让妻子出去工作的行为不合法。本案中，孔六限制张小左外出工作的种种行为表明，其将妻子当作自己的私有财产，缺乏对妻子的起码信任，严重干涉了妻子的自由，并损害了夫妻感情。根据《中华人民共和国民法典》的规定，孔六的做法侵犯了法律赋予张小左工作自由的权利，是违法行为。

12 妻子患重病，丈夫有义务照顾吗？

曹小与严木土于2007年12月13日登记结婚。2022年7月29日，曹小因患甲状腺恶性肿瘤到医院住院治疗，后出院在家休养，至今未愈。曹小称，住院期间，严木土对自己不闻不问，出院后也没有承担起作为丈夫的责任。曹小现在身患重病，需要长期治疗和吃药，但严木土拒绝支付医疗费用，也不支付生活费用，导致曹小无法正常生活和看病就医。请问严木土的行为合法吗？

法条指引 《中华人民共和国民法典》第一千零五十九条 夫妻有相互扶养的义务。

需要扶养的一方，在另一方不履行扶养义务时，有要求其给付扶养费的权利。

问题解答 妻子患重病，丈夫有义务照顾。严木土的行为不合法。本案中，曹小与严木土系合法夫妻关系，现曹小因患甲状腺恶性肿瘤需要持续治疗，其又缺乏生活来源，严木土不履行扶养义务，显属不当。曹小要求丈夫给付扶养费，理由正当，法律应当予以支持。

13 丈夫为建造房屋以自己的名义借款，债权人可以要求妻子返还吗？

赵老五在自家宅基地上施工建房。为了建房赵老五以自己的名义向李木借款3万元，并出具了欠据。此后赵老五偿还了1万元，余款未能偿还，经李木多次催告，赵老五仍不还款，李木便向赵老五的妻子王小笑主张余款。

法条指引 《中华人民共和国民法典》第一千零六十条

第一款 夫妻一方因家庭日常生活需要而实施的民事法律行为,对夫妻双方发生效力,但是夫妻一方与相对人另有约定的除外。

问题解答 丈夫为建造自家房屋对外以自己名义借的款,债权人可以要求妻子返还。本案中,赵老五因施工建房向李木借款,并出具欠据,表明赵老五与李木之间借款合同关系成立,赵老五应按照约定积极履行给付义务,现债务人赵老五不积极履行债务,李木可以要求王小笑返还。同时,在婚姻存续期间,夫妻一方因家庭日常生活需要而实施的民事法律行为,对夫妻双方发生效力,因此所负债务为夫妻共同债务,故李木主张由王小笑偿还建房款的诉讼请求,法律应当予以支持。

14 婚姻存续期间,丈夫给婚外情第三者赠与财产的,妻子可以要回吗?

2020年言老哥在网上认识了金花花,二人保持不正当男女关系。后言老哥妻子发现言老哥将他的工资通过微信多次转给金花花，转账金额合计4万多元。妻子认为，言老哥和金花花之间发生的非法关系违反社会公序良俗，不受法律保护，言老哥无权将夫妻共有钱财赠与他人，金花花取得言老哥夫妻共有财产没有合法依据，应予返还。

法条指引 《中华人民共和国民法典》第一千零六十二条 夫妻在婚姻关系存续期间所得的下列财产，为夫妻的共同财产，归夫妻共同所有：

（一）工资、奖金、劳务报酬；

…………

问题解答 婚姻存续期间，丈夫给婚外情第三者赠与财产的，妻子可以要回。本案中，案涉的4万多元，虽系言老哥的个人劳动所得，但其赠与金花花的行为发生在夫妻关系存续期间，依据有关法律规定，案涉财产并非言老哥的个人财产，而是夫妻共同财产。言老哥未经妻子同意，擅自将案涉的财产赠与金花花，且赠与行为基于二人之间存在的不正当关系，违背公序良俗，侵害了妻子的合法权益，属于无效处分，故该赠与行为无效，妻子要求金花花返还4万多元的诉讼请求，法律应当予以支持。

15 婚后将购置的房产登记在一方名下的，是否属于夫妻共同财产？

魏小怀与陶大涛系夫妻，二人婚后感情良好，用共同的积蓄购买了一套住房。可是，这几天魏小怀有点闷闷不乐。原来，当时和开发商签订购房合同时，使用的是陶大涛的名义。魏小怀对此感到隐隐担心，万一将来两人的关系有什么变化，这房子属于夫妻共同财产吗？

法条指引 《中华人民共和国民法典》第一千零六十二条 夫妻在婚姻关系存续期间所得的下列财产，为夫妻的共同财产，归夫妻共同所有：

…………

（五）其他应当归共同所有的财产。

问题解答 婚后购房并登记在一方名下的房产属于夫妻共同财产。魏小怀的担心是没有必要的。因为该套房子是两人结婚后用共同积蓄购买的，故不论该房产是登记在一方名下还是在双方名下，其都属于魏小怀和陶大涛夫妻的共同财产。当然，如果魏小怀仍不放心，可以申请进行产权人的名称变更，在房产证上将双方都列为产权人。认定房屋是否属于夫妻共同财产，并不是以房产证上记载的是双方姓名还是一方姓名为标准。婚后只要是用共同财产购买的房产，不论是登记在双方的名下还是丈夫或者妻子一方的名下，都属于夫妻双方的共同财产。

16 嫁妆属于夫妻共同财产吗？

谢彩凤和邹大龙系夫妻，邹大龙因生意上急需资金周转，便开口问谢彩凤要其嫁妆50万元。谢彩凤不肯，认为这是自己母亲给的压箱钱，不能轻易动用。邹大龙则认为嫁妆应当属于夫妻共同财产，自己可以动用。谢彩凤认为这钱是她母亲在结婚登记之前给的，并非夫妻共同财产，邹大龙并不能擅自使用。双方由此发生了争执。

法条指引 《中华人民共和国民法典》第一千零六十三条　下列财产为夫妻一方的个人财产：

（一）一方的婚前财产；

…………

问题解答 嫁妆的性质要根据女方父母赠与的时间来判断，如果是在结婚登记前给女方的，那么视为女方父母对于女方个人的赠与，属于女方个人的婚前财产；如果是在结婚登记之后给的而且女方父母并未明确表示该嫁妆仅是赠与女方个人的，那么该嫁妆视为对夫妻双方的赠与。本案中，嫁妆是谢彩凤母亲在登记结婚之前给女儿的，因此，应当认定嫁妆为谢彩凤的个人财产。

17 妻子为做生意欠下巨额债务，丈夫需要偿还吗？

2021年谢彩凤以做生意需要资金为由，向钱兰借款15万元，并出具借条一份，该借条是谢彩凤以个人名义出具的。但是实际上，谢彩凤从钱兰处所借资金均用于赌博，施瓦村村民也经常见到谢彩凤出入各个赌博场所。谢彩凤借款后，钱兰多次催讨，仍未及时归还。故钱兰将谢彩凤及其丈夫邹大龙起诉至法院。

法条指引 《中华人民共和国民法典》第一千零四十六条第二款 夫妻一方在婚姻关系存续期间以个人名义超出家庭日常生活需要所负的债务，不属于夫妻共同债务；但是，债权人能够证明该债务用于夫妻共同生活、共同生产经营或者基于夫妻双方共同意思表示的除外。

问题解答 本案中谢彩凤借款15万元，虽然发生在谢彩凤与邹大龙的婚姻关系存续期间，但对于一个普通家庭而言该借款属于大额债务，明显超过了夫妻之间日常家事代理的范围。钱兰未能举证证明邹大龙有共同举债的合意或事后对该债务予以追认，也未能举证证明该借款用于家庭共同生活或经营所需，故本案的15万元借款应属于谢彩凤的个人债务。

18 婚前一方按揭购买，婚后夫妻共同还贷的房屋归谁所有？

窦大万与章小早系夫妻。在登记结婚之前，窦大万购买了一套房子并支付了首付，且以自己的名义向银行贷款。婚后夫妻二人共同偿还银行贷款。后二人感情破裂，诉至法院要求离婚。关于房屋财产分割，窦大万认为该房屋系其婚前财产，不同意作为夫妻共同财产分割；章小早则认为在双方婚姻关系存续期间，该房屋的贷款系使用夫妻共同收入进行偿还的，应作为夫妻共同财产予以分割。

法条指引 《中华人民共和国民法典》第一千零六十二条 夫妻在婚姻关系存续期间所得的下列财产，为夫妻的共同财产，归夫妻共同所有：

…………

（五）其他应当归共同所有的财产。

问题解答 婚前一方按揭购买，婚后夫妻共同还贷的房屋应认定为夫妻共同财产。对于婚前一方按揭购买，婚后共同还贷的情形，婚前一方虽然支付了首付款，但由于婚后另一方能够积极地共同偿还贷款，为维护婚姻关系的稳定，也应将房产价值平等分配给另一方。本案中，诉争房屋虽系窦大万婚前按揭购买并支付了首付款，但自双方形成婚姻关系之日起，该房屋的相关权益也随之转化为双方共同享有，比如共同居住、共同出租收益等，且章小早在婚后积极地与窦大万共同偿还银行贷款，故章小早可以平等地与窦大万共同享有该房产的所有权。

19 夫妻关于财产的约定对债权人是否有效?

云大飞因经营煤炭运输向李木借款10万元，约定一年后偿还本息。到期后，李木索要借款，云大飞无力偿还，但云大飞与其妻苏翠翠还经营着一个饭店，李木前去索要，苏翠翠拿出一份去年云大飞与其签订的财产协议书，协议书约定“经营饭店所得归苏翠翠所有”。请问，李木能否请求云大飞以饭店经营收入偿还借款?

法条指引 《中华人民共和国民法典》第一千零六十五条第三款 夫妻对婚姻关系存续期间所得的财产约定归各自所有，夫或者妻一方对外所负的债务，相对人知道该约定的，以夫或者妻一方的个人财产清偿。

问题解答 李木有权请求云大飞以饭店经营收入偿还借款。由《中华人民共和国民法典》的规定可知，只有第三人知道夫妻对财产的约定，约定才对外产生约束力；若第三人不知道该约定，为维护第三人利益和保护交易安全，则应以夫妻共同财产清偿债务。本案中，李木借款给云大飞时，并不知道云大飞、苏翠翠夫妻有这样的约定，因而该约定对李木不产生约束力，李木可以申请以其饭店经营收入来偿还借款。

20 婚姻关系存续期间，可以要求分割夫妻共同财产吗？

苏小素、潘大盘系夫妻，双方感情状态糟糕，潘大盘多次提起离婚诉讼。苏小素发现，在婚姻存续期间潘大盘通过名下银行卡、微信账户向他人转过多笔金额较大的钱款，苏小素认为系潘大盘隐匿、转移夫妻共同财产，遂要求潘大盘分割共同财产，但潘大盘不作出任何说明并表示不愿意分割财产。

法条指引 《中华人民共和国民法典》第一千零六十六条　婚姻关系存续期间，有下列情形之一的，夫妻一方可以向人民法院请求分割共同财产：

（一）一方有隐藏、转移、变卖、毁损、挥霍夫妻共同财产或者伪造夫妻共同债务等严重损害夫妻共同财产利益的行为；

…………

问题解答 婚姻关系存续期间，夫妻双方均可以要求分割夫妻共同财产。本案中，潘大盘在婚姻存续期间利用银行卡以及微信账户进行过多笔对外大额转款，且不就转款情况作出进一步说明，故可以认为潘大盘存在转移、隐藏夫妻共同财产的行为，苏小素主张分割潘大盘名下财产的请求，应当予以支持。

21 婚姻关系存续期间，未成年子女可以要求父母一方支付抚养费吗？

葛二与奚幺妹系夫妻，育有一女葛小格。近年来，葛二与奚幺妹因琐事产生矛盾，致夫妻关系不睦。葛二曾向法院提起离婚诉讼，法院判决不准离婚。自此葛二与奚幺妹开始分居生活，葛小格随葛二生活，葛二无业，奚幺妹月收入1万元，未给付葛小格抚养费。葛小格向法院提起诉讼，要求奚幺妹给付抚养费。

法条指引 《中华人民共和国民法典》第一千零六十七条第一款 父母不履行抚养义务的，未成年子女或者不能独立生活的成年子女，有要求父母给付抚养费的权利。

问题解答 婚姻关系存续期间，未成年子女可以要求父母支付抚养费。父母对未成年子女的抚养义务是无条件的、强制性的，解除婚姻关系并不影响父母给付子女抚养费的法定义务。婚姻关系存续期间，父母拒不履行抚养子女义务的，子女亦有权请求支付抚养费。本案中，奚幺妹应自与葛二分居开始给付葛小格抚养费。抚养费的数额应根据子女的实际需要、父母的负担能力和当地的实际生活水平综合考虑后予以确定。

22 子女因父母再婚而不尽赡养义务，父母有权要求子女给付赡养费吗？

范二水与彭花系夫妻，共生育范甲第、范乙第两个子女，均已成年。范二水去世后，彭花改嫁至外村。范甲第、范乙第以彭花改嫁为由不尽赡养义务。现彭花以无生活来源、无劳动能力为由提起诉讼，要求范甲第、范乙第给付赡养费。

法条指引 《中华人民共和国民法典》第一千零六十九条 子女应当尊重父母的婚姻权利，不得干涉父母离婚、再婚以及婚后的生活。子女对父母的赡养义务，不因父母的婚姻关系变化而终止。

问题解答 子女因父母再婚而不尽赡养义务，父母有权要求子女给付赡养费。本案中，范甲第、范乙第均系彭花所生子女，且已成年，彭花现已丧失劳动能力且无生活来源，范甲第、范乙第均应对其履行赡养义务。对于范甲第、范乙第辩称因彭花改嫁所以不尽赡养义务的意见，根据我国相关法律的规定，老年人的婚姻自由受法律保护，赡养人的赡养义务不因老年人的婚姻关系变化而消除，因此范甲第、范乙第的辩解无法律依据，不予采信。

23 老人签订了遗赠扶养协议后，子女能否据此不履行赡养义务？

邱大爷在配偶去世后一直独居，但其外甥管大云对他关怀备至，二人便签订了遗赠扶养协议，约定邱大爷去世后将其所有的平房赠给管大云，管大云负担邱大爷生前死后的所有费用。后邱大爷因癌症住院，花光了管大云所有的积蓄，邱大爷便要求长年在外务工的儿子支付医疗费。但其儿子认为，父亲与他人签订遗赠扶养协议，自己无法成为继承人，因此也不必履行赡养义务，所以拒绝支付医疗费。

法条指引 《中华人民共和国民法典》第一千零六十七条第二款 成年子女不履行赡养义务的，缺乏劳动能力或者生活困难的父母，有要求成年子女给付赡养费的权利。

《中华人民共和国民法典》第一千一百五十八条 自然人可以与继承人以外的组织或者个人签订遗赠扶养协议。按照协议，该组织或者个人承担该自然人生养死葬的义务，享有受遗赠的权利。

问题解答 父母签订了遗赠扶养协议后，子女不能据此不履行赡养义务。遗赠扶养协议订立后，遗赠人与其子女之间的权利义务关系并不因此而解除。父母与子女之间具有法定的权利义务关系，一般可以因一方死亡而自然消灭，或因收养关系的成立而解除。遗赠扶养协议并不发生收养关系的法律效力，扶养人虽与遗赠人订立遗赠扶养协议，但其对于自己未离世的父母，仍负有赡养的义务，享有继承遗产的权利。本案中，虽然邱大爷和管大云签订了遗赠扶养协议，但是邱大爷与其儿子的父子关系并不因此而解除，因此邱大爷的儿子仍然需要履行赡养邱大爷的义务。

24 什么是离婚冷静期?

马大炮和苗小淼系夫妻,二人于2021年1月7日前往民政局办理离婚手续。民政局工作人员登记了他们的离婚申请,但让他们过了30天冷静期再来民政局申请发放离婚证。苗小淼不明白,双方都同意离婚,带去的资料也十分齐全,为什么民政局不能当场办理离婚手续,发出离婚证,非要等30天。民政局工作人员的要求合法吗?

法条指引 《中华人民共和国民法典》第一千零七十七条第一款 自婚姻登记机关收到离婚登记申请之日起三十日内,任何一方不愿意离婚的,可以向婚姻登记机关撤回离婚登记申请。

问题解答 离婚冷静期是指立法在坚持离婚自由原则下,为避免夫妻当事人轻率离婚,而在离婚程序中设置的夫妻任何一方都可在婚姻登记机关收到离婚申请后一定时间内撤回申请,终结登记离婚程序的冷静思考期间。同时需要注意的是,离婚冷静期的相关规定仅适用于协议离婚的情形,并不适用于诉讼离婚。本案中,民政局工作人员的做法符合《中华人民共和国民法典》的规定,不存在违法行为。

25 男方在女方怀孕期间可以提出离婚吗?

柳伍与袁丽丽系夫妻,但袁丽丽与婆婆相处不融洽。在一次吵架过程中袁丽丽动手导致婆婆小腿骨折。柳伍知晓后十分生气,坚决要求离婚。袁丽丽看到柳伍离婚态度坚决,一时情绪激动晕倒在地。医生在进行检查时发现袁丽丽已有一个多月的身孕。袁丽丽立即告知柳伍,并表示自己已经知错,愿意以后好好伺候婆婆,请求柳伍看在孩子的面子上不要离婚。那么在袁丽丽怀孕期间,柳伍可以提起离婚诉讼吗?

法条指引 《中华人民共和国民法典》第一千零八十二条 女方在怀孕期间、分娩后一年内或者终止妊娠后六个月内,男方不得提出离婚;但是,女方提出离婚或者人民法院认为确有必要受理男方离婚请求的除外。

问题解答 男方在女方怀孕期间一般不可以提出离婚,因为妇女在这段时期身体负担比较重,行动也极不方便,非常需要男方的照料和帮助。如果男方在此时提出离婚,很可能给女方的精神造成重大打击进而伤及身体,也会对胎儿的生长发育产生不利影响。在本案中，袁丽丽正处于怀孕期间，根据法律的相关规定，柳伍不得提出离婚。

26 双方离婚后，非本集体经济组织成员的一方享有该组织的土地承包经营权吗？

唐三石与外村的费水仙系夫妻，二人育有一女。后二人协议离婚，在离婚协议中约定，夫妻共同财产归唐三石所有。二人离婚后，之前一家三口承包的土地一直由唐三石耕种。2021年，唐三石承包经营的土地一半被征用，征地补偿款全部付给唐三石。费水仙的户口在离婚后迁到其娘家，户口迁出后再未承包经营其他经济组织所有的土地。

法条指引 《中华人民共和国民法典》第一千零八十七条第二款　对夫或者妻在家庭土地承包经营中享有的权益等，应当依法予以保护。

《中华人民共和国农村土地承包法》第六条　农村土地承包，妇女与男子享有平等的权利。承包中应当保护妇女的合法权益，任何组织和个人不得剥夺、侵害妇女应当享有的土地承包经营权。

《中华人民共和国农村土地承包法》第十六条第二款 农户内家庭成员依法平等享有承包土地的各项权益。

问题解答 双方离婚后，婚前并非本集体经济组织成员的一方享有该组织的土地承包经营权利。夫妻离婚时，离婚协议未对各自享有的承包经营权进行处分，之后一方虽然不在原居住地生活，但其仍享有原土地承包经营权及相应收益。本案中，费水仙离婚后虽然户口迁回娘家，但其未再次承包经营其他集体经济组织所有的土地，费水仙享有的承包经营权对应的承包土地仍在唐三石（农户）名下，而唐三石和费水仙之前承包土地时，是按照一家三口人的份额分得的，土地被征用后，费水仙也未接受安置，故费水仙也应分得三分之一的土地补偿费、安置补助费。

27 全职太太离婚时，可以主张家务补偿吗？

倪大金与贺小贝系夫妻，育有一女，双方婚后因生活琐事经常发生矛盾，倪大金认为夫妻双方感情已经破裂，向法院提起诉讼，请求法院判决双方离婚。在审理过程中，贺小贝表示同意离婚，并提出婚后其因为怀孕和照顾年幼的孩子，一直没有工作，要求倪大金向其支付家务补偿款2万元。

法条指引 《中华人民共和国民法典》第一千零八十八条 夫妻一方因抚育子女、照料老年人、协助另一方工作等负担较多义务的，离婚时有权向另一方请求补偿，另一方应当给予补偿。具体办法由双方协议；协议不成的，由人民法院判决。

问题解答 全职太太离婚时，可以主张家务补偿。家务劳动应当得到尊重，有必要为夫妻中负担较多家庭义务的一方提供离婚经济补偿。夫妻中在照料老人、子女，以及为家庭生活提供服务和便利等方面付出更多的一方，将其更多的时间和精力投入无偿家务劳动中的利他行为，使包括配偶在内的家庭成员均有受益，根据权利义务相一致的原则，该方应当享有获得相应经济补偿的权利。本案中，贺小贝因抚育子女负担了较多义务，因此离婚时有权向倪大金请求补偿，倪大金也应当给予补偿。

28 前妻在离婚后发现前夫在婚内与他人同居的，可以要求赔偿吗？

殷三石与罗栀子系夫妻。后殷三石隐瞒其婚内出轨的情况，与罗栀子协议离婚。离婚后不久，罗栀子意外得知殷三石已与他人结婚，且生育一子，由怀孕生子所需时间推算，殷三石显然是婚内出轨。罗栀子认为，殷三石的行为违背了婚姻忠诚义务，深感受伤，愤而将其诉至法院，要求其书面赔礼道歉，并支付精神损害抚慰金。

法条指引 《中华人民共和国民法典》第一千零九十一条　有下列情形之一，导致离婚的，无过错方有权请求损害赔偿：

…………

（二）与他人同居；

…………

问题解答 前妻在离婚后发现前夫在婚内与他人同居的，可以要求赔偿。本案中，夫妻双方在婚姻关系存续期间，本应履行对彼此的忠诚义务。殷三石在婚内与他人同居并致其怀孕，在离婚后生育一子的行为违反了该义务，给罗栀子造成了精神压力和痛苦，依法应予以罗栀子赔偿。鉴于罗栀子在离婚后才知悉殷三石与他人同居并生育的事实，现主张精神损害赔偿并无不妥。

29 父母离异，抚养孩子的一方可以单方面送养未成年子女吗？

于二与时小寸系夫妻，育有一女。2021年双方因发生矛盾协议离婚，约定孩子由于二抚养。2022年于二因无力独自抚养，经过慎重考虑后，将女儿送养，送养时双方签订了一份送养协议，但没有办理收养登记手续。后时小寸提出由她自己抚养孩子，与于二、收养人就孩子抚养问题发生纠纷，收养人认为当初收养系双方自愿并签订了收养协议，时小寸提出解除收养关系，实属无理。请问，时小寸能要回女儿的抚养权吗？

法条指引 《中华人民共和国民法典》第一千零九十七条 生父母送养子女，应当双方共同送养。生父母一方不明或者查找不到的，可以单方送养。

《中华人民共和国民法典》第一千一百零五条第一款 收养应当向县级以上人民政府民政部门登记。收养关系自登记之日起成立。

问题解答 父母离婚后，抚养孩子的一方未经另一方同意不可以送养未成年子女。未成年人的父母是其法定代理人和监护人。收养同意权虽为父母双方固有的权利，但并非不可免除的权利。当父母一方既无法履行对子女的抚养、教育和保护的义务，又无法作出同意抚养的意思表示，这种境况对子女明显不利，导致子女无法得到适当的照料与教育，可免除该父或母一方的收养同意权。本案中，生父于二未经前妻时小寸同意，在其不知道的情况下，擅自将女儿送养，且未到民政部门登记，故该收养行为无效，因此，时小寸能要回女儿的抚养权。

30 父母送养孩子的，(外)祖父母能否主张优先抚养？

卞老六与齐二花结婚后，育有一子。2021年卞老六在意外事故中不幸身亡。齐二花独自一人支撑整个家庭，生活举步维艰，便将儿子送养，签订了收养协议，并到民政部门办理了收养登记。卞老六的父母知道此事后坚决反对，要求解除收养协议。齐二花与收养人均不同意。卞老六的父母向法院提起诉讼，请求判决收养协议无效，将孙子判由他们抚养。

法条指引 《中华人民共和国民法典》第一千一百零八条 配偶一方死亡，另一方送养未成年子女的，死亡一方的父母有优先抚养的权利。

问题解答 父母送养孩子的，（外）祖父母可以主张优先抚养。祖父母、外祖父母与孙子女、外孙子女本就有血脉相承关系，如果能由其抚养孙子女、外孙子女，孙子女、外孙子女会得到较好的抚养教育。本案中，卞老六父母的主张会得到法院的支持。法律规定，当配偶一方死亡，另一方决定送养子女时，死亡一方的父母对孙辈享有优先抚养权，这是法定的一项权利。

31 “外嫁女”有遗产继承权吗？

李老汉早年丧妻，独自将儿子李大牛、女儿李大翠抚养长大。李老汉承包经营村里数十亩耕地，勤恳踏实、辛勤劳作，攒下了一定家产。2021年，李老汉去世，留下三间瓦房和16万元现金，没有留遗嘱。李老汉父母早已过世。就父亲的遗产，李大牛认为只有自己有继承权，李大翠是已经出嫁的女儿，不能继承父亲的遗产。李大牛的看法对吗？此种情形到底谁有继承权呢？

法条指引 《中华人民共和国民法典》第一千一百二十六条 继承权男女平等。

《中华人民共和国民法典》第一千一百二十七条 遗产按照下列顺序继承：

（一）第一顺序：配偶、子女、父母；

（二）第二顺序：兄弟姐妹、祖父母、外祖父母。

继承开始后，由第一顺序继承人继承，第二顺序继承人不继承；没有第一顺序继承人继承的，由第二顺序继承人继承。

本编所称子女，包括婚生子女、非婚生子女、养子女和有扶养关系的继子女。

本编所称父母，包括生父母、养父母和有扶养关系的继父母。

本编所称兄弟姐妹，包括同父母的兄弟姐妹、同父异母或者同母异父的兄弟姐妹、养兄弟姐妹、有扶养关系的继兄弟姐妹。

问题解答 李大牛的看法是错误的，继承权男女平等，李大翠和李大牛平等地享有继承权。遗产继承在没有遗嘱时，适用法定继承，由法律直接规定继承人的范围、继承顺序。配偶、子女、父母作为第一顺序法定继承人平等地享有继承权。上述情形中，李老汉的父母、配偶均已去世，因此遗产由儿子李大牛和女儿李大翠继承，一人可继承一半家产，李大翠不因外嫁而丧失继承权。

32 遗赠扶养协议和法定继承哪个优先？

王老五系孤寡老人，有一妹妹，但不常在身边，故而无法照顾其生活。李大牛系王老五邻居，两家相处得很好，在村委会主任的动员下，二人签订了遗赠扶养协议，约定李大牛负责照顾王老五的生活，承担其生养死葬的义务，待王老五去世之后，所有遗产归李大牛所有。协议履行四年后，王老五病故。王老五妹妹认为自己是哥哥遗产的唯一继承人。王老五妹妹的看法是否正确？王老五的遗产究竟应如何被继承？

法条指引 《中华人民共和国民法典》第一千一百二十三条　继承开始后，按照法定继承办理；有遗嘱的，按照遗嘱继承或者遗赠办理；有遗赠扶养协议的，按照协议办理。

《中华人民共和国民法典》第一千一百五十八条　自然

人可以与继承人以外的组织或者个人签订遗赠扶养协议。按照协议，该组织或者个人承担该自然人生养死葬的义务，享有受遗赠的权利。

问题解答 王老五妹妹的看法是错误的，李大牛可根据遗赠扶养协议受遗赠获得王老五全部遗产。自然人可以与继承人以外的组织或个人签订遗赠扶养协议，此种协议在遗产继承中优先于遗嘱继承和法定继承。在上述情形中，王老五生前和李大牛订有遗赠扶养协议，协议效力优先于王老五妹妹的法定继承，王老五的全部遗产由李大牛受遗赠获得。

33 遗赠和法定继承哪个优先?

王老四有三子一女，但都在外地工作，常以工作忙和生活压力大为借口，极少回家探望父亲，也不给赡养费。邻居李大牛多年来给予年迈的王老四很多照顾。后王老四订立遗嘱，自己去世后将所有遗产赠与李大牛。王老四过世后，其子女坚持认为自己有继承权，并不同意父亲生前的安排。那么，上述情形中，遗赠和法定继承哪个优先呢?

法条指引 《中华人民共和国民法典》第一千一百二十三条　继承开始后，按照法定继承办理；有遗嘱的，按照遗嘱继承或者遗赠办理；有遗赠扶养协议的，按照协议办理。

《中华人民共和国民法典》第一千一百三十三条　自然人可以依照本法规定立遗嘱处分个人财产，并可以指定遗嘱执行人。

自然人可以立遗嘱将个人财产指定由法定继承人中的一人或者数人继承。

自然人可以立遗嘱将个人财产赠与国家、集体或者法定继承人以外的组织、个人。

自然人可以依法设立遗嘱信托。

问题解答 在自然人的遗产分配时，遗赠优先于法定继承。李大牛通过受遗赠取得王老四的全部遗产，优先于王老四子女的法定继承。在遗产的分配上，法律充分尊重被继承人的意思，被继承人可以通过订立遗嘱将个人财产指定给特定法定继承人继承，或赠与法定继承人以外的组织、个人。遗嘱继承和遗赠因为更能体现被继承人的意思，优先于法定继承。

34 子女作为继承人没有尽到赡养义务，还享有继承权吗？

张老三早年丧妻，含辛茹苦抚养一子一女。后儿女长大成人，张老三患病瘫痪在床，需要人照顾。子女本约定轮流照顾父亲，但轮到儿子张三照顾时，张三却不管不问。于是，只能靠女儿照顾，邻居李大牛也经常帮忙。多年以后，张老三过世，张三想要继承遗产，张老三女儿认为张三不孝，应该丧失继承权。张老三女儿的看法正确吗？张老三的遗产应该如何分配？

法条指引 《中华人民共和国民法典》第一千一百二十五条　继承人有下列行为之一的，丧失继承权：

（一）故意杀害被继承人；

（二）为争夺遗产而杀害其他继承人；

（三）遗弃被继承人，或者虐待被继承人情节严重；

（四）伪造、篡改、隐匿或者销毁遗嘱，情节严重；

（五）以欺诈、胁迫手段迫使或者妨碍被继承人设立、变更或者撤回遗嘱，情节严重。

继承人有前款第三项至第五项行为，确有悔改表现，被继承人表示宽恕或者事后在遗嘱中将其列为继承人的，该继承人不丧失继承权。

受遗赠人有本条第一款规定行为的，丧失受遗赠权。

《中华人民共和国民法典》第一千一百三十一条　对继承人以外的依靠被继承人扶养的人，或者继承人以外的对被继承人扶养较多的人，可以分给适当的遗产。

问题解答

张老三女儿的看法正确。张三不赡养被继承人，应丧失继承权。同时，邻居李大牛虽不是法定继承人，但对张老三扶养较多，可以分得适当的遗产。法定继承人在一些法定的严重侵害被继承人的情形下会丧失继承权。上述情形中，张三不照顾父亲，并且没有悔过表现，张老三生前也未表示宽恕或者在遗嘱中将其列为继承人。所以张三丧失继承权，遗产由张老三女儿继承，邻居李大牛属于继承人以外的对被继承人扶养较多的人，也可以分得适当的遗产。

35 父亲早逝，孙子可以代位继承爷爷的遗产吗？

李大壮不幸染病，于中年离世，留下一子李小壮。几年后，李大壮的父亲过世。李大壮姐姐认为李大壮已经离世，应由自己作为第一顺序法定继承人继承父亲的全部遗产。此种看法是否正确？李大壮父亲的遗产应如何分配？

法条指引 《中华人民共和国民法典》第一千一百二十八条 被继承人的子女先于被继承人死亡的，由被继承人的子女的直系晚辈血亲代位继承。

被继承人的兄弟姐妹先于被继承人死亡的，由被继承人的兄弟姐妹的子女代位继承。

代位继承人一般只能继承被代位继承人有权继承的遗产份额。

问题解答 李大壮姐姐的看法是错误的。李小壮可以代替父亲的继承顺位，一起参与爷爷遗产的法定继承。李大壮作为继承人先于被继承人父亲死亡，应由李大壮的直系晚辈血亲李小壮代位继承。所以，并非李大壮姐姐独自享有继承权，李大壮父亲的遗产应由李大壮姐姐和李小壮继承。

36 丧偶儿媳或女婿能够成为第一顺序继承人吗？

李大壮不幸染病，中年离世。其妻高兰心地善良，为人孝顺，在丈夫去世后全心全意赡养公婆，力求替丈夫尽孝。后李大壮父母去世。李大壮还有一个姐姐。那么，在遗产继承中，高兰能否成为第一顺序继承人和李大壮姐姐享有平等的继承权？

法条指引 《中华人民共和国民法典》第一千一百二十九条 丧偶儿媳对公婆，丧偶女婿对岳父母，尽了主要赡养义务的，作为第一顺序继承人。

问题解答 高兰可以成为第一顺序继承人。法定继承中，第一顺序继承人是指配偶、父母、子女。而作为例外，如果丧偶儿媳对公婆，丧偶女婿对岳父母，尽了主要赡养义务的，可以作为第一顺序继承人。在上述情形中，高兰在丈夫离世后，对公婆尽到了主要赡养义务，因此，可以作为第一顺序继承人和李大壮姐姐享有平等的继承权。

37 以录音录像的形式立遗嘱，应注意哪些事项？

李大壮不幸染病，中年离世。其妻高兰心地善良，为人孝顺，在丈夫去世后全心全意赡养公婆，力求替丈夫尽孝。李大壮父母深为感动，同时担心以后高兰生活艰辛。于是在家里以手机录像的形式订立遗嘱：死后全部遗产由儿媳高兰和孙子李小壮继承。李大壮还有一个姐姐。那么，李大壮父母的遗嘱是否具有效力？他们的遗产该如何分配？

法条指引 《中华人民共和国民法典》第一千一百三十七条 以录音录像形式立的遗嘱，应当有两个以上见证人在场见证。遗嘱人和见证人应当在录音录像中记录其姓名或者肖像，以及年、月、日。

问题解答 李大壮父母的遗嘱缺乏见证人，不具备法定形式，不能成立，更谈不上效力问题。立遗嘱系自然人重要的财产处分行为，关系重大，属于要式法律行为。录音录像遗嘱要求有两个以上的在场见证人，立遗嘱人和见证人应当在录音录像中记录其姓名或者肖像，以及年、月、日。在上述情形中，李大壮父母录像订立遗嘱时没有见证人，遗嘱不能成立生效，故二人的遗产依照法定继承由高兰、李小壮、李壮姐姐平等继承。

38 口头立遗嘱有什么特殊要求？

王三不幸染病，中年离世。其妻张兰心地善良，为人孝顺，在丈夫去世后全心全意赡养公婆，力求替丈夫尽孝。有一次王母生病住院，王母在病危时刻拉着张兰的手说其死后遗产全留给张兰和孙子王小壮，当时有多个医生在旁见证。后王母痊愈出院，再未提此事。五年以后，王母去世。此时，张兰可以主张按照王母的口头遗嘱继承其遗产吗？

法条指引 《中华人民共和国民法典》第一千一百三十八条　遗嘱人在危急情况下，可以立口头遗嘱。口头遗嘱应当有两个以上见证人在场见证。危急情况消除后，遗嘱人能够以书面或者录音录像形式立遗嘱的，所立的口头遗嘱无效。

问题解答 王母痊愈后，口头遗嘱无效。王母未另以书面或者录音录像形式立遗嘱，所以其去世后，遗产分配适用法定继承。立遗嘱系自然人重要的财产处分行为，关系重大，属于要式法律行为，原则上要求书面形式。口头立遗嘱是为了应对特殊危急情况，待危急情况消除后，遗嘱人能够以书面或者录音录像形式立遗嘱的，之前所立的口头遗嘱无效。所以，在上述情形中，王母的口头遗嘱无效，其遗产分配适用法定继承。

39 立有多份遗嘱，最终继承时以哪份为准？

王老四有三子一女。王老四到了晚年，想要立遗嘱来合理分配自己的财产，了却身后事。2008年，王老四订立自书遗嘱，明确自己的全部遗产由小儿子王小四继承。到了2018年，王老四又订立录音遗嘱，表示自己的四间瓦房归小儿子王小四继承，但存款由所有子女平均分配。2021年，王老四去世。那么，两份遗嘱，应以哪份为准？

法条指引 《中华人民共和国民法典》第一千一百四十二条　遗嘱人可以撤回、变更自己所立的遗嘱。

立遗嘱后，遗嘱人实施与遗嘱内容相反的民事法律行为的，视为对遗嘱相关内容的撤回。

立有数份遗嘱，内容相抵触的，以最后的遗嘱为准。

问题解答 遗产继承时，应以2018年的遗嘱为准。遗嘱体现遗嘱人对自己财产的处分，遗嘱人可以撤回、变更自己所立的遗嘱。立有数份遗嘱，内容相抵触的，以最后的遗嘱为准。在上述情形中，王老四前后订立了内容抵触的两份遗嘱，应认为后一份更能体现王老四的真意，故以后一份为准。

40 子女可以变更父母立的遗嘱吗？

王老四有三子一女。王老四到了晚年，想要立遗嘱来合理分配自己财产，了却身后事。考虑到小儿子经济能力差，王老四订立自书遗嘱表明自己祖传的五个珍贵花瓶由小儿子王小四继承。其他子女知道此事后，心中愤愤不平，想找律师变更遗嘱内容。那么，上述情形中，其他子女有权变更父亲的遗嘱吗？

法条指引 《中华人民共和国民法典》第一千一百四十三条 无民事行为能力人或者限制民事行为能力人所立的遗嘱无效。

遗嘱必须表示遗嘱人的真实意思，受欺诈、胁迫所立的遗嘱无效。

伪造的遗嘱无效。

遗嘱被篡改的，篡改的内容无效。

问题解答 其他子女无权变更父亲王老四的遗嘱。遗嘱体现遗嘱人对自己财产的处分，必须尊重遗嘱人的真实意思表示。遗嘱一旦订立，除本人以外，任何人不得变更其内容，如果遗嘱被篡改，篡改的内容无效。在上述情形中，王老四自书遗嘱表明五个珍贵花瓶由小儿子王小四继承，则其他子女无权变更遗嘱内容，如果篡改，篡改无效，情节严重的，还可能丧失其他遗产的继承权。

41 遗产分割时，应保留胎儿的继承份额吗？

李大明遭遇车祸，意外丧生，留有10万元存款。此时，其女朋友江某怀孕三个月，李大明父母早逝，还有两个弟弟。弟弟认为，哥哥已经死亡，江某又尚未嫁进李家，因此她没有继承的权利，他们作为李家的后人，10万元存款应归他们所有。那么，李大明弟弟的看法正确吗？李大明的遗产究竟应如何分配？

法条指引 《中华人民共和国民法典》第一千一百五十五条 遗产分割时，应当保留胎儿的继承份额。胎儿娩出时是死体的，保留的份额按照法定继承办理。

问题解答 李大明弟弟的看法是错误的。李大明的遗产应当为江某腹中胎儿保留，若日后胎儿娩出时是死体，按照法定继承由李大明弟弟继承。胎儿虽然不是自然人，不具有民事权利能力，但为保障其出生后的生活，在遗产分割时应对其进行一定保护，保留继承份额。所以，在上述情形中，李大明的遗产应当为江某腹中胎儿保留，而非由其弟弟们直接继承。

42 继承人有义务替被继承人偿还债务吗？

王大力为人勤恳踏实，但其独子王小力向来游手好闲，未娶妻生子。后王小力意外身亡，只留下一辆二手汽车，欠有外债10万元。王大力将汽车变卖5万元偿还儿子生前部分债务。债权人认为人死债不烂，王大力应当继续以自己财产偿还剩余5万元债务。那么，对于剩余的5万元债务，王大力有义务偿还吗？

法条指引 《中华人民共和国民法典》第一千一百六十一条 继承人以所得遗产实际价值为限清偿被继承人依法应当缴纳的税款和债务。超过遗产实际价值部分，继承人自愿偿还的不在此限。

继承人放弃继承的，对被继承人依法应当缴纳的税款和债务可以不负清偿责任。

问题解答 王大力没有义务继续偿还剩余5万元债务。根据法律的规定，继承人以所得遗产实际价值为限清偿被继承人依法应当缴纳的税款和债务。所以，无论是"父债子偿"还是"子债父偿"都以继承所得遗产实际价值为限，超过此限度，不再负有偿还义务。当然，已经自愿偿还的不能据此主张返还。在上述情形中，王大力已经将继承所得汽车变卖用于还债，对于遗产不足以偿还的剩下5万元债务，不再负有法定偿还义务。